产教融合规划系列教材编委会

主　任　章　清　熊　雄

副主任　朱红缨　侯　欢　黄秋波

主　编　潘雅芳

成员（排名不分先后）

徐顺雨　崔光永　吴卫芬　王　玲

陈　英　周　政　叶智校

康养旅游策划

王 玲 编

ZHEJIANG UNIVERSITY PRESS
浙江大学出版社

图书在版编目（CIP）数据

康养旅游策划 / 王玲编. —杭州：浙江大学出版
社，2020.8（2025.1 重印）
ISBN 978-7-308-20254-1

Ⅰ. ①康… Ⅱ. ①王… Ⅲ. ①旅游保健－旅游业发展
－教材 Ⅳ. ①F590.3

中国版本图书馆 CIP 数据核字（2020）第 093625 号

康养旅游策划

王 玲 编

责任编辑	李海燕　马一萍
责任校对	周凯婷　诸寅啸
封面设计	周　灵
出版发行	浙江大学出版社
	（杭州市天目山路 148 号　邮政编码 310007）
	（网址：http://www.zjupress.com）
排　　版	杭州好友排版工作室
印　　刷	广东虎彩云印刷有限公司绍兴分公司
开　　本	710mm×1000mm　1/16
印　　张	8.75
字　　数	166 千
版 印 次	2020 年 8 月第 1 版　2025 年 1 月第 5 次印刷
书　　号	ISBN 978-7-308-20254-1
定　　价	36.00 元

目　　录

第一章　康养旅游概述 …………………………………… 1

　案例 …………………………………………………… 1

　　一、康养旅游的概念 ……………………………… 2

　　二、康养旅游的内涵 ……………………………… 6

　　三、康养旅游的特性 ……………………………… 7

　　四、康养旅游的类型 ……………………………… 9

　　延伸阅读与思考 ………………………………… 12

第二章　康养旅游的发展基础 ………………………… 14

　案例 …………………………………………………… 14

　　一、中国传统养生文化的内涵 ………………… 15

　　二、当代健康养生理念的形成 ………………… 18

　　三、康养旅游的发展历程 ……………………… 20

　　四、康养旅游的发展动力 ……………………… 23

　　延伸阅读与思考 ………………………………… 26

第三章　生态养生旅游策划 …………………………… 29

　案例 …………………………………………………… 29

一、生态养生旅游策划原则 …………………………………… 31

二、生态养生旅游策划类型 …………………………………… 32

三、生态养生旅游产品策划 …………………………………… 35

四、森林生态养生旅游策划 …………………………………… 37

延伸阅读与思考 ………………………………………………… 44

第四章　健康养老旅游策划 ……………………………………… 46

案例 ………………………………………………………………… 46

一、健康养老旅游的概念 ……………………………………… 48

二、健康养老旅游的需求分析 ………………………………… 51

三、健康养老旅游的策划原则 ………………………………… 55

四、健康养老旅游产品策划 …………………………………… 57

延伸阅读与思考 ………………………………………………… 62

第五章　体育休闲旅游策划 ……………………………………… 66

案例 ………………………………………………………………… 66

一、体育休闲旅游的发展历程 ………………………………… 68

二、体育休闲旅游的概念 ……………………………………… 71

三、体育休闲旅游的策划原则 ………………………………… 73

四、体育休闲旅游的开发模式 ………………………………… 76

延伸阅读与思考 ………………………………………………… 78

第六章　医疗旅游策划 …………………………………………… 82

案例 ………………………………………………………………… 82

一、医疗旅游的概念 …………………………………………… 84

二、医疗旅游的形成与发展 …………………………… 86

三、医疗旅游的影响因素 ……………………………… 90

四、医疗旅游产品策划 ………………………………… 93

延伸阅读与思考 ……………………………………… 98

第七章　康养旅游产业发展 …………………………… 102

案例 …………………………………………………… 102

一、康养旅游产业发展的动力 ………………………… 104

二、康养旅游产业的融合路径 ………………………… 106

三、康养旅游产业的发展模式 ………………………… 107

四、康养旅游产业的发展类型 ………………………… 110

延伸阅读与思考 ……………………………………… 116

第八章　综合案例：山屿海集团康养旅游策划 ………… 119

一、基本概况 ………………………………………… 119

二、康养旅游产品的分类与特色 ……………………… 121

三、康养旅游产业的发展战略 ………………………… 125

四、发展启示与经验总结 ……………………………… 128

参考文献 …………………………………………………… 132

第一章　康养旅游概述

本章学习目标：

1. 了解不同视角下康养旅游概念的内涵，能够对相似概念进行比较和辨析。

2. 掌握康养旅游所涵盖的丰富内容，并理解相关概念。

3. 学习主要的康养旅游资源和旅游产品类型。

案例

发展康养旅游，助力"健康中国"①

在广西南宁大明山景区，漫步环境清幽的森林栈道，驻足观景平台，练几式瑜伽，进行一次森林康养之旅；在山东青岛，漫游即墨古城，体验温泉沐浴，开启古城温泉康养两日游……近期，围绕本地游市场，各地文旅部门及企业结合市场需求，策划推出一系列旅游线路和产品，"康养"是其中的热门主题。发展康养旅游成为各地丰富产品供给、促进文旅消费的一项重要举措。

---

① 崔哲.发展康养旅游，助力"健康中国"[N].中国旅游报，2020-05-18.

例如,海南省琼海市推出"1+X"一站式康养旅游产品。该产品将博鳌生命养护中心的特色康养产品与琼海优美的田园环境、官塘温泉及各大景区、高端酒店等资源融合,吸引了不少游客前来体验。福建省厦门市文化和旅游局围绕"春暖花开·康来厦门"主题,指导全市文旅企业依托当地康养资源设计推出了一系列康养休闲产品。这些特色康养产品质优价廉,且有统一品牌支撑,在五一假期受到市民和省内游客青睐,为厦门文旅行业在化危为机中开拓出新的本地游市场。当前,各地都紧抓政策及市场机遇,充分利用自身资源优势,谋划推动康养旅游发展。

随着人口结构快速老龄化、生态环境问题突显、亚健康群体比重攀升,以及全球性健康理念的革命性影响,人们对健康养生的追求成为当今旅游市场的主流趋势和发展热点。与此同时,国民经济与社会发展稳步推进,生态文明建设日见成效,旅游业不断深化升级,康养旅游作为一种新业态和新模式,发展规模和旅游效益都得到了显著的提升,在促进旅游业转型升级、推进全域旅游建设、实施旅游扶贫攻坚等方面都展现出明显的产业优势和开发价值。源自中国传统养生文化的深远影响,基于当代休闲养生观念,康养旅游满足了人们对身心健康的全方位追求,已经成为当今旅游业发展的重要趋势。

一、康养旅游的概念

1. 不同视角下的康养旅游

康养旅游作为一个新兴名词,目前尚无被学术界普遍认可的相对统一的概念,这与其内涵的复杂性和多元性有关,因其涵盖了多个相关产业领域,所以与康养旅游相关的概念也来自不同的视角和角度。

概念一：一切有益于现代人消解第三状态、增进身心健康的旅游活动。①

概念二：以维护健康或促进健康为主要需求动机的空间移动活动所引起的各种关系和现象的综合。②

概念三：即为健康旅游、养生旅游，是一种建立在自然生态环境、人文环境、文化环境基础上，结合观赏、休闲、康体、游乐等形式，以达到延年益寿、强身健体、修身养性、医疗复健等目的的旅游活动。③

概念四：人们离开常住地或暂时居住地或工作地点，去寻找体验一种使身体得到放松、精神压力得到缓解的活动而引起的所有现象和关系的总和。④

概念五：从旅游者角度来说是一种高层次的旅游活动，是旅游活动的一种高级阶段，是现代人利用旅游活动来调节心态、强身健体，从而达到身体和心理的平衡，是一种旅游活动的发展阶段。⑤

概念六：通过养颜健体、营养膳食、修心养性、关爱环境等各种手段，老年人在身体、心智和精神上都达到自然和谐的优良状态的各种旅游活动的总和。⑥

综上所述，康养旅游本质是一种旅游活动，是旅游业发展到一定阶段的产物。基于社会发展的需要，康养旅游以健康、养生、养老

① 郭鲁芳，虞丹丹.健康旅游探析[J].北京第二外国语学院学报，2005(3)：63-66.
② 王燕.国内外养生旅游基础理论的比较[J].技术经济与管理研究，2008(3)：109-110，114.
③ 王赵.国际旅游岛：海南要开好康养游这个"方子"[J].今日海南，2009(12)：12.
④ Jennifer Lading，Betty Weiler. Mind Body and Spirit：Health and Wellness Tourism in Asia[J]. Asian Tourism：Growth and Change，2008：379-389.
⑤ 吴利，陈路，等.论养生旅游的概念内涵[J].边疆经济与文化，2010(3)：7-8.
⑥ 《国家康养旅游示范基地》(LB/T 051-2016)，国家旅游局，2016 年 1 月。

和旅游的结合为基础,将放松、调整、健康、健美、益智、延年等需求与旅游行为相结合,是以加强个人身体、心灵健康,获得健康的生活方式、预防疾病、释放压力为目标的一种旅游方式。

2. 相关概念辨析

(1)康养旅游与休闲旅游

休闲旅游,即以休闲为目的的旅游。我国早在 1997 年公布的《旅游服务基础术语》(GB/T16766-1997)中就对旅游服务产品进行了界定,明确给出了观光旅游、度假旅游、专项旅游等多种定义。虽然其中没有对休闲旅游进行明确定义,但在定义度假旅游的同时,特别提出了度假和休闲的目的。由此可见,休闲旅游与康养旅游两者的侧重点是不同的。休闲旅游的目的主要是放松,以求怡身、怡心,而康养旅游不仅要怡身、怡心,还要追求怡神(见图 1.1)。

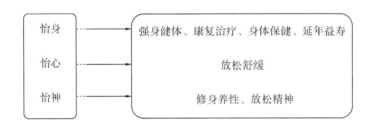

图 1.1 康养旅游的主要诉求[1]

(2)康养旅游与疗养旅游[2]

疗养旅游兴起于 20 世纪中叶的西方,当时是为改善身体虚弱的人的健康状况,使各项疾病得以康复或持续的治疗,其主要的驱动力是预防疾病、接受某种特殊的疗法和病后恢复。疗养旅游形成

---

① 范添添,黄蔚艳,等.养生旅游相关概念辨析兼论其产品开发策略[J].农村经济与科技,2015(4):104-105.

② 李鹏,赵永明,等.康养旅游相关概念辨析与国际研究进展[J].旅游论坛,2020(1):69-81.

于战后的特定历史时期,偏重医疗、康复的功能,因而逐渐成为康复患者、老龄人口这一特定人群的旅游产品。随着人们健康理念的变化,疗养旅游已经成为现代康养旅游产业中的一个部分。

（3）康养旅游与养老旅游

早期的康养旅游被普遍认为是针对老年人群体所开展的休疗养、康复度假等短暂性、持续性的行为活动,其目标市场相对狭窄。随着康养旅游形式和内容的进一步丰富,以及社会对于这一业态的逐渐认可,康养旅游市场主体已经不再局限在老年群体,也包括了亚健康人群、追求生活品质的人群,主要满足人们提高生活质量和改善身心健康的需求。养老旅游已成为康养旅游产业的重要组成部分,老年群体也成为当前康养旅游市场的重要力量。

（4）康养旅游与医疗旅游

医疗旅游是以医疗(包括医疗护理、手术治疗)为目的,在异地(尤其是异国)所停留的时间超过一天的活动,主要分为以纯粹治疗疾病为目的的医疗旅游和以康体为目的的健康旅游。康养旅游与医疗旅游的相似之处在于健康的动机相同,但是两者在客源人群和实现手段上有所不同(见表1.1)。在大健康产业发展的前提下,二者之间的交集越来越多,进而出现了彼此交融、相互包含的状态。

表 1.1 康养旅游与医疗旅游的不同点

	医疗旅游	康养旅游
旅行目的	得到疾病的诊断或改善	保持、管理和改进健康与生活状态
旅行需求	低成本、高质量的诊疗与康复;便捷高效	获得健康的生活方式;预防疾病、释放压力、管理生活习惯
行为方式	疾病诊疗、入侵式、被动式	非医疗型、非侵入式、积极主动

二、康养旅游的内涵

康养旅游是养生与旅游的统一体,目前对其内涵的理解有以下几种:从构成主体来看,康养旅游是一种融合了传统养生观念及现代休闲理念,以养生为主要目的而进行的空间移动活动所引起的现象和关系的总和;从实施方式来看,康养旅游是一种为了满足旅游者的健康养生需求,以养生资源为基础,利用旅游产业的衍生发展来实现养生目的与旅游活动融合的特殊旅游活动;从活动目的来看,康养旅游是一种通过特定的养生项目帮助旅游者达到医疗复健、强身健体、修身养性、延年益寿等健康养生目的的专项旅游产品。总体而言,康养旅游是旅游者希望达到保持或提升健康水平的一种特殊的旅游活动。

康养旅游的市场主体较为广泛,从广义的角度看可以涵盖几乎所有的旅游人群;但从狭义的角度看则主要集中于寻求生活方式改变和最佳健康状态的健康或亚健康人群,积极、主动、自发地选择通过旅游来保持、管理和改进健康与生活状态。

康养旅游的范畴正在不断丰富和外扩,这主要是基于旅游产业的高度融合性和无边界特性,任何以增强体质、预防疾病、维护身体、颐养生命、调适心情、舒缓情绪、修身养性等为目的的旅游活动都可以囊括其中,并形成不断演进发展的态势。综合国内外学者的研究观点,当代康养旅游的需求主要可以总结为身体、情绪、心智、精神四个方面(见表1.2)。

表 1.2　康养旅游的主要需求

需求		实现方式
身体方面	治疗	药物疗法、健康检查、慢性病检查管理、中医治疗
	健身	体育锻炼、健身课程、拉伸运动、瑜伽/普拉提
	健康饮食	营养、体重管理、排毒、烹饪体验
情绪方面	SPA/美容	按摩、洗浴、身体护理、面部护理、美发美甲
	调养养生	养生、中医调养
心智方面	生态自然	登山、自行车、生态栖息、田园采摘
	心理/心智	瑜伽、冥想、太极、生物反馈疗法
精神方面	个人成长	静修、压力教育、阅读、教育、艺术
	精神/连接	祈祷、灵修

　　从更为广义的视角来看,以调适心情、舒缓情绪为目的的旅游活动,包括融入大自然的解压放松和在特定文化环境下的修身养性,可以归属为更高层次的康养旅游活动,并逐渐成为人们的一种自然的休闲方式与旅游意识。在此基础上,康养旅游领域中多业态之间的产业融合能力极高,具有较强核心竞争力和多元化收益渠道的创新型产品不断涌现。在此状态下,不仅现代人复杂而多变的健康需求能够得以满足,而且各种新兴的旅游活动也引发了人们不断追求新的健康方式、健康理念的热潮,需求与供给、市场与产品之间相辅相成,形成康养旅游范畴不断演化推进的态势,进而形成一个良性循环的局面(见图 1.2)。

三、康养旅游的特性

1. 高度依赖外部自然和人文环境

　　寻求健康、舒适、快乐是康养旅游的基本出发点和主要目标,决

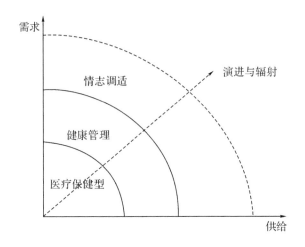

图 1.2　供需视角的康养旅游范畴

定健康和快乐感受的因素很多,包括环境、设施、产品和项目内容、服务及组织管理等。其中,环境是康养旅游目的地选择和开发的第一资源。环境首先是天然生态和气候,包括舒适的环境温湿度、清新的空气、清洁健康的饮用水、充沛的地表水和地下水,以及优美的自然景观——温泉、冰雪、湖泊、溪流、海水、沙滩、森林、草原、山岳等。其次是人文社会环境,包括当地居民的好客、和睦、亲近及当地风俗和文明礼貌,整体社会环境应包括舒缓的生活节奏、富有内涵的生产劳动和风俗文化,并且可从多个角度予以体现,游客能够参与体验和真实感受。

2. 以产品特色和服务质量为核心

除对自然和人文环境进行外部甄选外,康养旅游作为一种专项旅游,其自身的特色和产品的品质也极为重要。首先,结合外部的自然生态环境和人文环境,策划开发具有特色的康养旅游活动是拓展市场、形成竞争优势的关键。该特色可以来自独特的资源禀赋,或是创意的策划与整体性开发,如医疗旅游、体育休闲旅游等。其次,康养旅游策划应坚持资源与市场导向相结合的原则,注重产品价格和服务质量的匹配度、项目配置安排的合理性、人性化服务的细节性、文化内涵展示与挖掘的程度、区位和交通的便利性等内容。

3. 旅游行为高黏性、重复性

与观光旅游和其他专项旅游相比较,康养旅游的淡旺季差异并不明显。观光旅游作为单次消费产品,季节差异性明显,游客在旅游目的地停留时间较短。摄影、观鸟等专项旅游虽然可以重复性消费,但是在市场规模和效益提升方面仍然有所欠缺。康养旅游以追求健康快乐和身心愉悦为目的,旅游动机泛化,因此,旅游者会在一个理想的目的地停留较长时间,且会不定期地前往,偏好重复多次的深度消费,容易形成高度的客户黏性。因此,旅游目的地的相关项目策划、基础设施配套、专业接待服务与全方位的组织管理等各环节都必须经得起旅游者的长期评价。

四、康养旅游的类型

1. 康养旅游资源

康养旅游资源主要可以分为自然类和人文类。自然类康养旅游资源包括环境、空气、气候、水土、森林等。人文类康养旅游资源包括传统养生文化、民族体育竞技、各地医养资源等。

(1)空气资源

以负氧离子含量极高的空气为特色,可开发吐纳、森林浴、雾浴等特色旅游产品。

(2)气候资源

即适宜的温度条件、日光条件等,可开发避暑、日光浴等旅游产品。

（3）山林资源

即特色的植物、动物，如森林、花卉、中草药等，可开发各类养生运动、医疗、饮食、保健等旅游产品。

（4）水资源

即含有特殊矿物质的泉水、河流、湖泊等，可开发饮用、保健、洗浴等旅游产品。

（5）养生文化资源

即传统养生文化、养生文化名人、养生技能与方法等，可进行文化挖掘、整理与重新演绎，对优秀文化形式给予有力的开发与传承。

（6）地方民俗资源

即不同地域、民族在漫长历史进程中形成的特色民俗养生方式，包括体育竞技活动、饮食习俗、医疗药物、保养方式等。

2. 康养旅游产品

依据康养旅游资源的特点，常见的康养旅游产品可以分为以下几种类型（见表1.3）。

表 1.3　康养旅游产品的主要类型

产品类型	市场诉求焦点	开发形式	产品系列
生态养生型	在自然和文化环境下修身养性，实现身心的放松和情绪的舒缓	自然环境＋旅游 文化环境＋旅游	自然融入之旅 文化益智之旅
健康养老型	寻求舒适优质的老年生活环境，实现身心愉悦、延年益寿	养老＋旅游	养老养生旅游 候鸟度假旅游 老年医疗旅游
体育休闲型	强身健体，健康或亚健康身体，提高生活品质	专业运动＋旅游 休闲运动＋旅游	运动健身旅游 娱乐休闲旅游

续表

产品类型	市场诉求焦点	开发形式	产品系列
医旅结合型	康复保健、疾病治愈、病后或术后恢复、专业的健康检查与系统的保健方案	医疗健检＋旅游养老＋旅游	医疗旅游疗养旅游健检旅游

（1）生态养生型

以原生态自然环境为基础，以健康养生、休闲旅游、旅居体验为核心功能开发的各类康养旅游产品，例如，森林康养、温泉康养、山地康养、海岛康养、田园康养等。其中，森林康养是生态养生类康养旅游产品的核心与重点。我国山林旅游资源丰富，森林覆盖率高，并蕴含高浓度负氧离子，因此，森林康养是当前我国重点发展的一类旅游产品。此外，在乡村振兴战略的指引下，农旅融合的田园康养形式也快速发展，吸引了不同阶层的消费群体体验"旅居农趣"的生活。

（2）健康养老型

依托一定的环境资源，面向具有一定经济实力的老年群体，将医疗、气候、生态、康复、休闲等多种元素融入传统养老产业，重点发展康复疗养、旅居养老、"候鸟"度假养老、老年休闲体育、老年文化教育等功能，打造集养老居住、养老配套、养老服务为一体的老年康养度假基地。此类产品通常配套度假地产和养老地产建设，不仅注重体现建筑生态环境良好、食品健康等特点，而且以特色养生餐饮和老年养生体验项目为辅助，提供全方位的康疗及养生设施与服务。

（3）体育休闲型

借鉴传统和现代的多种运动养生方式，开发运动养生类系列产品。依托山地、峡谷、水体等地形地貌及资源，发展山地运动、水上运动、户外拓展、户外露营、户外体育运动、定向运动、养生运动、极限运动、传统体育运动、徒步旅行、探险等各类体育休闲产品，推动体育、旅游、度假、健身、赛事等业态的深度融合发展。

(4)医旅结合型

依托优质的气候资源、医药资源、现代中西医医疗技术资源等，将优质的医疗康复咨询服务与旅游度假结合，以中西医医疗、心理咨询、营养保健、康复护理等内容为核心，以亚健康人群为目标市场，契合健康医学中的治未病理念，开展各类以治为主或以疗为主的旅游活动。

延伸阅读与思考

都江堰：打造世界康体养生旅游目的地[①]

都江堰市位于四川盆地西北边缘，地处川西北高地向成都平原过渡地带，拥有青城山—都江堰世界文化遗产和大熊猫栖息地世界自然遗产。除了优越的自然环境外，都江堰青城山作为中国道教发源地，养生文化历史悠久、源远流长、底蕴深厚。综合历史文化底蕴、自然生态本底、区位交通优势等众多因素，都江堰提出打造世界康体养生旅游目的地的发展目标。

以田园养生旅游经济带、康体养生旅游经济带两大养生产业带为翼，以道家养生集聚区、医疗养生集聚区、中医养生集聚区、时尚

---

① 王建宏.都江堰：打造世界康体养生旅游目的地[J].当代县域经济,2016(6):76-77.

养生集聚区、运动养生集聚区、健康管理服务集聚区为点位,依托都江堰良好的生态资源本底和养生资源优势,带动地区旅游产业的转型升级,实现产城融合发展的目标。在医疗养生、道家养生、中医养生等领域,形成一批在国内外有影响力和竞争力的机构或企业,把健康服务产业建设成为重要的现代服务业,提高健康服务产业在区域经济中的战略地位,确立并保持"中国·青城山世界康体养生旅游目的地"世界性品牌的影响力和生命力。

思考:1. 请对比康养旅游的相似概念,总结康养旅游的发展特点。

2. 结合当前旅游业发展的现实情况,举例分析康养旅游产品的主要类型。

第二章　康养旅游的发展基础

```
本章学习目标：
    1. 了解中国传统养生文化的发展历程，对不同的养生文
化观进行比较分析。
    2. 深入分析当代健康养生观念的形成与发展。
    3. 能够结合现实分析康养旅游发展所具备的现实条件和
基础。
```

案例

海南康养产业发展优势分析[1]

我国康养产业尚处于起步阶段，相关政策制度的导向作用对于康养产业的良性发展至关重要。国家先后出台了一系列政策，为康养产业的发展奠定了基础。2013 年，我国先后出台了《关于加快发展养老服务业的若干意见》《健康中国 2030 规划纲要》等。党的十九大报告中明确提出"健康中国战略"，将人民健康放在优先发展的

---

[1] 汪汇源.我国康养产业现状及海南康养产业对策研究[J].农业科研经济管理,2020(1)：45-48.

战略地位。2014 年,国家提出了"医养结合＋农村养老服务设施"的产业发展方向。2018 年,国家卫健委新设置了"老龄健康司"。康养产业上升为国家战略,并迎来了历史发展新机遇。

与此同时,地方性政策红利进一步引领海南本土康养产业的快速发展。2018 年 4 月 13 日,习近平总书记在庆祝海南建省办经济特区 30 周年大会上郑重宣布,党中央决定支持海南全岛建设自由贸易试验区。海南自由贸易试验区的实施范围是海南全岛,战略定位是"全面深化改革开放试验区""国家生态文明试验区""国际旅游消费中心""国家重大战略服务保障区"。自此,海南自由贸易试验区的政策春风吹遍琼岛。2019 年,海南省政府发布了《海南省健康产业发展规划(2019—2025 年)》,提出构建"一核两极三区"的健康产业发展格局。同时,海南省旅游发展总体规划提出发展森林生态旅游和康养旅游,重点发展特许医疗和健康管理等产业,支持建设休闲疗养项目。

中国人对于健康养生的追求由来已久,几千年的积累形成了广博的养生理论和养生文化,历朝历代、儒家道家,都十分注重自身的修行与养生的关系,并且在日常饮食起居、行为规范、精神修养等方面体现了深刻而有影响的养生观念。中国传统养生文化的内核将养护生命、健康长寿提升到哲学层面,养生之道不仅在于外部形式,更包含了人生哲理、艺术审美、精神情趣、生活价值等,形成独特的思想形态和理论方法,并一直传承至今。

一、中国传统养生文化的内涵

人类在漫长的岁月里,在征服自然和改造自然的过程中,为了保护生命、繁衍后代,逐渐认识了生命活动的一些规律,学会了自我保健的一些方法并相传相授,从而形成了"养生"这一概念及相关的行为活动。"养生"一词始见于《吕氏春秋》:"知生也者,不以害生,养生之谓也。"从字面上理解,养生即护养生命之意。后经道家文化的滋养与内化,养生被广泛认为是通过各种方法颐养生命、增强体质、预防疾病,达到延年益寿之目的的一种医事活动,其中,养,即调养、保养、补养之意;生,即生命、生存、生长之意。一般而言,有意识地通过各种手段或方法护养人体生命的主客观行为,或根据人体生命过程的活动规律所进行的一切物质与精神的身心护养活动,均可称为养生。

中华养生是以中医理论为基础,结合传统文化中相关的养生知识,以构建健康生活方式为手段,以提高生活质量为目的,增进健康、提高生命质量的生活过程。中华传统养生文化将多门学科融会贯通,加以用之,其中包括中医学、康复学、营养学、美学、心理学、物理学、化学、运动学、佛学、儒学等,它以独特的理论体系和卓有成效的丰富实践为特点,成为中华传统文化中的一颗明珠,在世界养生文化领域也具有举足轻重的地位。正如世界科技史学家、英国学者李约瑟所说:"在世界文化当中唯独中国人的养生学是其他民族所没有的。"

中国传统养生文化是中华民族在维护人类健康和种族延续的历史实践过程中所创造的物质财富和精神财富的总和,具有一定的民族性、传统性和延续性。早在春秋战国时期,我国的传统养生文化已经全面兴起。这一时期医家、道家等对养生的认识和方法各有侧重,出现了各种不同的养生之道,主要集中在饮食起居、精神修养、运动健身三个方面。秦汉到隋唐时期是道家、佛家养生文化的兴盛时期,晋代的道家术士葛洪创编了以"内修""外养"为主的养生术,即内在修心养性,外部锻炼身体;唐代药王孙思邈在其著名的《千金方》《福禄论》《摄生真录》等著述中系统论述了养生理论和方法。宋代以后,我国传统养生文化最明显的变化特点是提出了"动以养生"的思想和方法,例如,北宋著名文学家苏轼主张人要经常运动,欧阳修也提出以自然之道、养自然之生的养生思想。明清时期,养生家们搜集和整理了大量的养生资料,撰述了许多有价值的养生著作,如李时珍的《本草纲目》、高濂的《遵生八笺》、汤灏的《保生编》、陆九芝的《世补斋医书》、徐灵胎的《医学源流论》等。

中国传统养生文化与西方健康观之间有许多共通之处,但也在思想基础、养生目的、运动形式、动静协调等许多方面有着较大的差异(见表2.1),这是由社会历史条件和科学发展的内在规律所决定的,也受到数千年地理环境、文化传统、民族习惯和思维方式等诸多要素的影响。例如,西方人对体育运动与健康之间关系的高度重视有着悠久的传统,早在古希腊时期,大哲学家亚里士多德就提出,构成人的幸福的要素包括长寿和卓越的身体——健康、身体美、有力量。正如罗马诗人尤维纳利斯的名言"健全的精神寓于健全的身

表 2.1　中外康养文化对比

类项	中国养生观	西方健康观
思想基础	道家哲学、儒家理学、佛家禅学、中华医学	古希腊精神、基督教文化、近代文艺复兴思想、工业革命
养生目的	平衡身心、和谐内外、顺其自然、养生保健、延年益寿	展现人格、健全体格、竞技夺标、自我实现
运动形式	动静相兼,动中有静,静中有动	以形体外动为主
动静协调	动养相兼,贵在养神,顺应自然规律	以动为主,遵循运动技能形成和发展规律

体"所表达的那样,古代西方人认为,保持健康的体魄的最有效、最主要的手段就是运动,这一观念时至今日仍然有着深刻的影响和鲜明的呈现。

二、当代健康养生理念的形成

在中国传统养生文化体系中,集中体现了天人合一、形神合一、延年益寿等文化内核,不仅注重对身体的保养,更强调身体和精神的协调发展,树立了这样一种观念,即根据自然生命发展规律,采取保养身体、减少疾病、增进健康等措施,达到身体上、心理上的最佳状态,并能够与其所处的社会及自然环境保持良好协调的关系。由此可见,中国人自古至今的养生观念中都包含着一种明确且复杂的休闲观,并衍生为当代的健康养生理念。

当代健康养生的主要动机一方面包括传统的心理和生理养生,前者强调精神层面的内在休养和平衡稳定的心理状态,后者注重身体上的强健康复,以及身体机能的维护;另一方面,包含与自然社会环境和谐共处,优待自然世界,尊重万物生命的观念(见表2.2)。因此,健康养生的范畴愈加宽泛,内容和形式也层出不穷,在传统养生方式的基础上,健康养生与当下快速发展的休闲旅游有机结合,共同达到养乐结合、寓养于乐、身心兼养的目的。

表 2.2　当代健康养生的主要动机

动机	核心需求
延年益寿	寻求高质量的生活方式,以有益的养生方式达到长寿的效果
强身健体	通过适当的运动方式,在理想的环境中增强体质
修身养性	以相对简单、灵活、自由的休闲方式来舒缓身心

动机	核心需求
医疗保健	依托优质的自然环境接受康复治疗和健康管理,提高身体保健意识
环境改变	远离嘈杂污染的城市环境,寻找理想的生活环境
生活方式改变	通过树立健康养生理念逐渐形成健康有益的养生生活方式

总体来看,当代健康养生活动主要有以下特点。

1. 普适性

当代健康养生活动并不明确地针对"亚健康人群"或老年人群,实际上已经涵盖了所有追求健康快乐生活的人群,他们不是"病人",又不同于普通的游客,而是具有较强的养生目的性的广泛市场群体。满足于健康养生需求的各项活动涉及的产品类型也十分丰富,有专属性产品,也有满足普通旅游休闲需求的产品,但只要具备放松身心、娱乐消遣、舒缓愉悦、强身健体等功效,均可被列为健康养生旅游资源。

2. 游乐体验性

当代健康养生活动的形式愈加丰富多样,在内容上可以涵盖日常生活的各个方面,在游憩方式上也更容易让游客产生亲切感和归属感,更加强调项目的体验性和娱乐性。游客的体验和感知成为健康养生旅游项目设置的关键内容,提供更多元的身心体验、营造更欢乐的氛围空间、引导更多样化的旅游活动,是当前健康养生旅游市场越来越年轻化和全龄化的重要原因。

3. 综合性

当代健康养生活动是将我国传统的养生文化理念、方法、理论同现代生活中有益于人体健康的多种休闲方式结合起来而形成的，既注重养生的功能，也注重养生过程的休闲性和体验性。基于传统与现代相结合的原则，当代健康养生活动以旅游、休闲与养生的融合为主要特点，并且注重跨领域、多产业的相融互通发展。

4．科学专业性

当代健康养生活动以传统的中华养生文化为核心基础，强调自然生态环境要素，并逐步融入近现代西方先进的康疗方法。通过实践发展的检验，一些带有迷信、鬼神色彩的养生方式和项目被逐渐淘汰，具有科学意义和明确价值的项目得以保留并不断传承。在作为旅游资源加以开发的过程中，也应注重其科学专业性的体现，例如，由专业人员按规范标准和规定程序引导游客参与体验相关健康养生活动。

5．教育性

当代健康养生活动的参与者不仅希望获得身心方面的调养和康复，而且希望能够获得健康教育，提高对自身和自然的认知水平，以达到增强体质、愉悦身心，以及提高科学素质和适应社会能力的目的，同时促进生活方式的转变和生活质量的提升。因此，健康养生活动的学习教育功能日渐受到重视，并且将教育融入旅游活动的各个环节，与休闲、娱乐等功能实现了较好的融合。

三、康养旅游的发展历程

中国人的健康养生旅游历史悠久，自古就有到避暑胜地或温泉地区疗养度假的习惯，唐朝时避暑养生之旅已经非常盛行，甚至出现了为富家子弟避暑消夏服务的临时性组织。此外，我国古人还偏好前往名山大川参与祈福还愿、修身养性的养生旅游活动。由此可以看出,我国现代健康养生旅游与传统养生文化之间始终有着紧密的联系。

我国的现代康养旅游最早在海南三亚兴起,2002 年左右海南开始依托滨海旅游资源开发"三亚保健康复旅游",此后,浙江、江西、安徽、黑龙江、山东、广西等紧随其后(见表 2.3)。一些拥有独特养生旅游资源和市场竞争优势的旅游景点或风景名胜区、旅游胜地,纷纷开始构筑健康养生旅游产业,积极推出"养生游""养生之旅""休闲养生旅游"等主题化、系列化产品,开发建设各种类型的养生度假基地。例如,四川峨眉山在 2005 年推出了休闲养生游,安徽黄山市在 2007 年策划了"休闲养生在徽州"五大乡村系列旅游产品,四川泸州市也推出了"休闲养生深度 6 日游"主题产品等。随着《关于促进健康服务业发展的若干意见》《中医药健康服务发展规划(2015—2020 年)》等一系列国家政策的出台,近年来,以中医中药为特色的康养旅游产品开发也得以快速发展。

表 2.3　近十余年中国各地康养旅游大事记

年份	事件
2007	黑龙江首届养生度假旅游节
	北京平谷第四届世界养生大会
2009	浙江武义国际养生旅游高峰论坛
2012	中国欢乐健康旅游年
	广西推出"神奇桂西 中国第一条世界级养生旅游线路"
2013	江苏溧阳世界生态旅游养生大会
2014	广西南宁东南亚国际温泉养生旅游节
	中国(广西)国际休闲度假养生与旅游产业博览会

续表

年份	事件
2015	"中医药健康旅游"的概念正式提出
	"中国年度休闲养生度假胜地"评选揭晓
2017	中央一号文件"大力发展休闲农业和乡村旅游"
	四川都江堰健康中国·休闲旅游美食养生国际峰会
	浙江省体育旅游产业促进会成立
2018	重庆首届温泉与气候养生旅游国际研讨会
	海南保亭呀诺达雨林文化养生节
2019	四川眉山中国森林休闲与健康养生论坛

2012年，国家旅游局推出"2012中国欢乐健康游"的旅游宣传主题，宣传口号是"旅游、欢乐、健康""欢乐旅游、尽享健康""欢乐中国游、健康伴你行"。主题旅游年的主旨思想是围绕推动实现旅游业两大战略目标，根据当前旅游市场新形势，通过主题年活动进一步丰富和深化旅游内涵，倡导通过参与旅游活动康体益智、丰富阅历、增长知识、健康体魄、修身养性，促进旅游新业态的发展与产业升级。各地也纷纷围绕主题年宣传口号，开发组织了各类"欢乐健康游"活动，充分挖掘和组合各类包含健康要素的旅游产品，依托资源特色，开发了诸如欢乐家庭、乡村体验、山水健身、运动健体、温泉疗养及中医保健、中华食膳、中华武术等旅游产品。

2013年以来，国家出台了若干健康领域、旅游领域的政策，大力推动养生养老产业的发展，以银发人群为主的候鸟式旅居养老、老年旅游、老年度假产业得到了快速发展，老年群体成为康养旅游发展的主力军。此后，康养旅游的覆盖人群越来越多元化，旅游开发形式也逐渐多样化，形成了一批以养生、养老、医疗、康复、运动等新兴业态为特色的综合性旅游度假区、旅游目的地等,康养旅游发展进入全面快速推进的新阶段。

2016年1月,国家旅游局正式颁布了《国家康养旅游示范基地标准》(LB/T051-2016),并确定了首批5个"国家康养旅游示范基地"。国家旅游局也将"康养旅游"正式确立为新的旅游方式,并纳入我国旅游发展战略,自此,康养旅游得到社会和市场的广泛认同,迎来黄金发展时期,走上规范化发展的道路。

我国目前比较流行的康养旅游项目包括生态养生、森林康养、体育休闲、健康养老、医疗旅游、中医养生等,人们的康养旅游诉求也比较宽泛,既包括延年益寿、强身健体、康复理疗、修复保健,也包括观光、修身养性、生活方式体验及养生文化体验。随着中国大健康时代的到来,人们对于养生和大健康的需求已不单单是治疗,而是扩展为预防、治疗、修复、康养"四结合"。大健康催生了康养旅游的发展,并促使其逐渐发展成为大众旅游的常态模式之一。

四、康养旅游的发展动力

1. 政策方面

近年来,国务院先后出台了健康、养老、旅游、等相关方面的政策。首先,在健康方面,2013年10月国务院出台《关于促进健康服务业发展的若干意见》,2019年正式颁布《"健康中国2030"规划纲要》,提出积极促进健康与养老、旅游、健身休闲相关产业融合,催生健康新产业、新业态、新模式,同时积极发展健身休闲运动产业。其次,在养老方面,2013年9月国务院出台《关于加快发展养老服务业的若干意见》,2013年10月民政部出台《关于贯彻落实〈支持社会养老服务体系建设规划合作协议〉共同推进社会养老服务体系建设的意见》,提出要充分发挥市场在资源配置中的基础性作用,逐步使社会力量成为发展养老服务业的主体。再次,在旅游方面,2009年国务院出台《关于加快发展旅游业的意见》,2014年8月出台《关于促进旅游业改革发展的若干意见》,提出大力发展医疗旅游、老年旅游、养生度假等内容。以上这些政策文件,都为康养旅游的发展提供了明确的引导,指明了发展方向。

【阅读资料】

《"健康中国2030"规划纲要》相关内容摘录①

"共建共享、全民健康"是建设健康中国的战略主题。共建共享是建设健康中国的基本路径。从供给侧和需求侧两端发力,统筹社会、行业和个人三个层面,形成维护和促进健康的强大合力。全民健康是建设健康中国的根本目的。立足全人群和全生命周期两个着力点,提供公平可及、系统连续的健康服务,实现更高水平的全民健康。

第一章:总体战略之"指导思想"

到2030年具体实现以下目标:

——人民健康水平持续提升。

——主要健康危险因素得到有效控制。

——健康服务能力大幅提升。

——健康产业规模显著扩大。

——促进健康的制度体系更加完善。

……

第十八章:发展健康产业之发展健康服务新业态

_____

① 摘自《"健康中国2030"规划纲要》,由中共中央、国务院于2016年10月25日印发。

积极促进健康与养老、旅游、互联网、健身休闲、食品融合,催生健康新产业、新业态、新模式……培育健康文化产业和体育医疗康复产业。制定健康医疗旅游行业标准、规范,打造具有国际竞争力的健康医疗旅游目的地。大力发展中医药健康旅游。打造一批知名品牌和良性循环的健康服务产业集群,扶持一大批中小微企业配套发展。

第十九章:发展健康产业之"积极发展健身休闲运动产业"

……鼓励发展多种形式的体育健身俱乐部,丰富业余体育赛事,积极培育冰雪、山地、水上、汽摩、航空、极限、马术等具有消费引领特征的时尚休闲运动项目,打造具有区域特色的健身休闲示范区、健身休闲产业带。

2.经济方面

当前,我国国内经济发展已经进入新常态,正在向经济形态更高级、分工更复杂、结构更合理的阶段演化,经济增长模式由投资拉动型向消费拉动型转变,消费需求从模仿型、从众式消费向个性化、多样化消费转变,通过产业融合创新激活消费需求的重要性显著提升,康养旅游成为提振旅游产业、带动经济转型升级的重要引擎之一。近五年来,我国城镇居民可支配收入连年增长,年平均增长率超过10%。随着我国经济社会平稳较快发展,人民生活水平显著提升,人们向往和追求健康、美好生活的愿望愈加强烈,健康养生类需求快速释放,且呈现出多层次、多样化的特点。健康养生消费意识的不断增强和市场规模的快速扩大,推动了我国康养旅游市场的持续增长,成为拉动内需、加快消费升级的重要动力。

3. 社会方面

我国社会的老龄化程度正在快速加剧。根据中国发展研究基金会发布的《中国发展报告 2020:中国人口老龄化的发展趋势和政策》预测,到 2025 年,我国 65 岁及以上的老年人口将超过 2 亿人,到本世纪中叶,中国人口老龄化将达到最高峰,65 岁及以上老年人口占比将接近 30%。[①] 老年人口的快速增长催生出大量的健康、养生、康复、医疗等养老需求,为康养旅游产业的发展创造了广阔空间。当前,老年人的养老观念和消费理念已经发生了根本性转变,中高收入老年群体对健康产业的需求巨大,已经成为康养旅游市场的主力军,老年人在消费市场上相当活跃且消费观念更加主动。《新时代积极应对人口老龄化发展报告·2018》中提出,我国老年人人均消费水平增速将远高于平均消费水平,预计到 2050 年,老年消费市场将达到 60 万亿元。为满足老年群体等"亚健康"群体客源市场,我国迫切需要大力发展康养旅游,实现旅游业由单一观光型向休闲、度假、养生、养老为补充的多元化、复合型发展。

延伸阅读与思考

作为一种休闲观的养生——古代文学作品赏析

1. [春秋]孔子《论语》

饭疏食饮水,曲肱而枕之,乐亦在其中矣。不义而富且贵,于我

---

① 中国发展研究基金会.中国发展报告 2020:中国人口老龄化的发展趋势和政策[R].2020-6-11.

如浮云。

知者动，仁者静。知者乐，仁者寿。

益者三乐，损者三乐。乐节礼乐，乐道人之善，乐多贤友，益矣。乐骄乐，乐佚游，乐宴乐，损矣。

四时行焉，百物生焉……仁者乐山，智者乐水。

2．［魏晋］嵇康《嵇康集·答难养生论》

养生有五难："名利不灭，此一难也；喜怒不除，此二难也；声色不去，此三难也；滋味不绝，此四难也；神虑转发，此五难也。"

3．［明］高濂《遵生八笺》卷之一《清修妙论笺》

积德积善，不知其善，有时而得用；弃礼背义，不知其恶，有时而蒙害。

长生之法，保身之道，因气养精，因精养神，神不离身，乃得常健。

欲多则损精……肝精不固，目眩无光；肺精不交，肌肉消瘦；肾精不固，神气减少；脾精不坚，齿发浮落。

勿伤五味：酸多伤脾，苦多伤肺，辛多伤肝，咸多伤心，甘多伤肾。

饥饱过度则伤脾，思虑过度则伤心，色欲过度则伤肾，喜怒过度则伤肝，悲愁过度则伤肺。

能尊生，虽富贵，不以养伤身；虽贫贱，不以利累形。

4．［明］华淑《题闲情小品序》

晨起推窗，红雨乱飞，闲花笑也；绿树有声，闲鸟啼也；烟岚灭没，闲云度也；藻荇可数，闲池静也；风细帘清，林空月印，闲庭悄也。以至山扉昼扃，而剥啄每多闲侣；帖括困人，而几案几多闲编；绣佛长斋，禅心释谛，而念多闲想，语多闲辞。闲中自计，尝欲挣闲地数武,构闲屋一椽,颜曰"十闲堂",度此闲身。

思考: 1. 从古人的诗词作品中能够体会出怎样的传统养生观念与
　　　　文化精髓？

　　　2. 现代人的健康养生活动对于传统养生文化有怎样的传承
　　　　与发展？

第三章　生态养生旅游策划

案例

安吉鄣吴成为全国森林康养基地试点建设乡镇[①]

　　2019 年 10 月，在第三届中国森林康养与乡村振兴大会上，浙江省安吉县鄣吴镇成为全国森林康养基地试点建设乡镇，这也是浙江省唯一的入选乡镇。鄣吴镇森林覆盖率达到 79.8%，林木绿化率为 79.9%，人均绿地面积达到 18 平方米。自古以来，这里就非常重视保护生态资源，历史文化悠久，2005 年当地出土的"圌村公禁"石碑，就记载了当地百姓在保护森林资源上达成的共识。

_____

[①]　http://www.zjly.gov.cn/art/2019/11/6/art_1285508_39799843.html

当前，森林康养产业已经成为休闲旅游发展的一大重点，从国家到省市都相继出台了促进森林康养产业发展的文件。郭吴镇位于安吉县北部森林康养重点功能区，曾获得"2016森林中国·发现森林文化小镇"荣誉，非常适合发展森林康养教育、森林康养食药等产业。《安吉县郭吴镇城镇总体规划（2016—2030）》中更是把"生态休闲美镇、风情文化名镇"作为总体目标，坚持打造生态健康、文化旅游的特色产业品牌。

灵动的山水生态资源正在为郭吴镇带来源源不断的发展机遇，以生态优势打造当地特色健康产业，推动当地经济社会发展已经成为郭吴今后的发展重点。例如，投资5亿元的山屿海幸福城项目已经建成，集度假养生、康复医疗、养老旅居等为一体，将成为生态养生旅游发展的新高地。

生态养生旅游是一种新兴的旅游形式，是将生态旅游与养生旅游相结合，依托旅游地优美的自然生态景观，同时利用诸多的养生手段和完善的养生设施，为游客提供一种集观光、休闲、养生为一体的综合旅游方式。如今生态养生旅游已经悄然成为一种全新的生活时尚，是现代人舒缓"大城市病""亚健康状态"，调和工作、生活与身心之间矛盾的重要方式。

生态养生旅游是人们在基本生活消费满足之后的一种较高层次的旅游消费，不仅是对良好生态环境的审美与消费，更是一种精神文化消费和时尚体验消费。在当前生态文明建设的大背景下，"绿水青山就是金山银山"的生态理念日渐深入人心，生态养生旅游已经成为社会健康发展的一股潮流，是各地促进经济环境可持续发展的重要途径。

一、生态养生旅游策划原则

1. 保护与开发协同共进原则

生态养生旅游策划应以生态经济学和养生旅游学理论为指导，以生态保护为前提，在积极发展山地、森林、湖泊、海洋等生态养生旅游的同时，切实保护与建设好自然生态环境。

2. 适度超前整合开发原则

生态养生旅游策划应以自然生态养生旅游资源为基础，以养生旅游客源市场为导向，充分利用原有设施和特色优势性旅游资源，紧密结合生态文明建设步伐，推进生态产业发展，不断丰富生态旅游产品体系。

3. 市场导向特色发展原则

生态养生旅游策划应以自然生态环境和地域文化特色为主体，突出自然野趣和生态养生保健等功能，因地制宜发挥自身优势，形成具有独特风格和地方特色的养生旅游产品谱系，着力打造特色养生品牌。

4. 遵循专业技术规范原则

生态养生旅游策划应遵循国家法律及现行的相关专业技术标准、规范的规定。例如，遵循《旅游法》《环境保护法》等相关法律及技术标准，不断提升生态养生旅游策划的水平和内涵。

5. 统一规划分步实施原则

生态养生旅游策划要整体谋划，按照区域生态文化建设和生态产业发展战略要求统一布局，统筹安排建设项目，做好宏观控制。策划具体的旅游项目应突出重点、循序渐进、因地制宜、分步实施。

二、生态养生旅游策划类型

基于上述基本原则,在具体实施过程中,根据策划对象旅游空间尺度的差异,生态养生旅游策划可以分成"旅游项目—旅游景区—旅游目的地"三个递进层次类型。三个层次的策划彼此之间既相互独立,同时也可以根据旅游目的地或旅游企业实际的旅游发展目标,相互包含与融合,从而构建生态养生旅游策划和开发的不同类型。

1. 旅游项目类策划

(1)生态养生餐厅

养生餐厅的建筑设计与生态环境相融合,并体现特定的地域文化特色,同时餐厅的养生菜品和进餐方式都可以围绕生态养生来做文章。例如,北京昌平区的"汉风唐韵"主题生态餐厅就是以中国山水画写意手法为设计精髓,以亭台楼榭、小桥流水、树木成荫的仿生创作打造而成的特色园林式文化主题生态餐厅,餐厅立意文化与生态的完美融合,坚持食材原料的安全、有机,讲究美食与健康的科学互补,既展现了中国传统菜系的精髓,又注重健康饮食理念的创新。

(2)生态养生住宿

即生态养生主题的客房、度假别墅、公寓等,不仅表现在外部的建筑设施设备等方面,更重要的是在软装、布草、细节服务等方面予以突显。例如,位于南非的卡加卡玛(Kagga Kamma)自然保护区酒店是一所十分别致的岩洞度假村酒店,与其他由钢筋水泥建造的酒店不同,它主要是依托自然的岩洞而建,使游客远离手机、霓虹灯和空气污染,能够体验现代社会中的"原始人"生活。

（3）生态养生购物

围绕养生类食品和商品的展卖进行开发，利用鲜食、采摘、手工制作等内容突显自然生态养生的特色。例如，泰国的米甘纳（Mega-bangna）旅游购物中心位于被绿色植被和运河所包围的乡村中，建筑外部曲线也被概念化为"山谷"，与周围的山地自然景观和群山围绕的环境完美融合。

（4）生态养生理疗

作为生态养生旅游项目中的明星产品，通常都具有很好的市场，但是需要赋予与度假载体相配套的健康养生理念，同时要注重配套服务的完善。例如，悦榕酒店和度假村集团旗下的悦榕SPA作为热带花园SPA概念的先锋，提供亚式健康美容体验，引入热带雨露体验、雨林水疗概念及大师级护疗师体验，以提供高品质服务及品质一致性为特色，成为悦榕经典体验的一部分。

（5）生态养生运动

结合内外地理环境和特定区域，策划相应的运动游乐类项目，内容设计应与生态养生的主旨相契合，并能够较好地融入观光、休闲、游憩等核心旅游活动内容中。例如，千岛湖森林氧吧景区内开发了林中漫步、森林浴、森林吸氧、溯溪、攀岩、野营、森林标本采集、环境教育展馆、垂钓中心、水上运动中心等充分展示大自然风采的生态旅游项目，并增设了山涧千叠飞瀑、山泉足浴健身、勇敢者探险、溯溪而上急流回旋、登山远眺观景、喊山洗肺等丰富的运动项目。

（6）生态养生文化

将地域文化、民族文化、养生文化等内容融入上述生态养生旅游项目中，以文化提升旅游项目的品位，深化旅游体验的内涵。例如，北京在积极推广中医养生旅游体验活动时,在传统的推拿、按摩等常规项目的基础上,增加了音乐诊疗床、红外线体检、香囊制作、艾灸体验、耳穴体验及养生操等,体验者还可以享用特色养生药膳美食。

2. 旅游景区类策划

即拥有较为独特的生态养生资源,能够开发为具有某类生态养生核心主题,具备基本项目和要素配套的旅游景区。此类旅游景区基于自身的资源禀赋,以一项或多项生态养生旅游项目开发为主,重点任务是建设与核心旅游项目相配套的完善的旅游设施,提供完备的旅游服务,并不断提高旅游景区的经营管理水平。

例如,重庆市黄水国际民俗生态旅游区是重庆市首批市级旅游度假区和"美丽中国"十佳旅游度假区。景区全年平均气温 10.4℃,是重庆市及周边地区著名的避暑胜地。景区所处区域物种丰富,有植物 2000 多种,动物 1380 种,是三峡库区珍稀濒危野生动植物分布最多的地区之一,有"植物王国、动物乐园"之称。景区内还有网评重庆最美森林、国家 AAAA 级景区大风堡、网评重庆最美草场千野草场、国家 AAA 级景区毕兹卡绿宫和药用植物园、国家首批历史文化名镇西沱古镇云梯街、油草河峡谷漂流、云中花都、中国一号水杉母树、佛莲洞、莼菜田园、薰衣草庄园等众多景点。

3. 旅游目的地类策划

即依托具有一定规模和较高声誉的旅游景区,以生态养生为主题和核心吸引力,形成具有相当丰富度的旅游产品体系,具备完整的生态旅游导向等配套要素的旅游目的地。此类旅游目的地可以是特色小镇,也可以是美丽乡村,或是旅游城市,策划重点在于目的地旅游基础设施建设、旅游产品类型搭配、旅游服务设施完善等方面。

例如,无锡灵山的拈花湾小镇位于马山国家风景名胜区的山水之间,向来有"净空、净土、净水"之称,生态秀美,环境优越。小镇以唐朝时期的建筑风格为主,融入了中国江南小镇特有的水系,呈现出一种宁静平和的意境。拈花湾小镇旨在打造一个自然、人文、生活方式相融合的旅游度假目的地,为游客提供一种身、心、灵独特体验的人文关怀,让人们体验无处不在的禅意生活,从而开创"心灵度假"的养生旅游新模式。

三、生态养生旅游产品策划

生态养生旅游是目前国际上最具发展潜力、最符合可持续发展理念的旅游产品之一,其核心概念是在自然景色优美、生态环境良好的地方,通过开展各种养生项目与活动达到休闲养生的目的。生态养生旅游产品的开发对环境的要求较为苛刻。城市里的废气、噪音等污染都是人类身心健康的大敌,因此,人们越来越期望能够经常到森林中"洗肺",到绿色中"洗眼",到潮润中"洗肤",因而,绿色健康的生态环境,如山林、湖泊等就成为生态养生旅游的理想场所。

结合不同类型的自然生态资源条件,生态养生旅游产品的策划应将生态旅游和养生旅游相结合,突出特定的生态养生主题,并合理配置旅游六要素,结合观赏、休闲、会议、度假、避暑等目标,通过融合多种养生项目,人们实现放松身心、愉悦精神的休闲旅游目的。常见的生态养生旅游产品类型主要包括以下七种。

1. 长寿主题类产品

一般以长寿老人较多、养生文化遗迹丰富等为卖点,结合当地的特殊地理环境进行生态养生旅游产品的开发。《黄帝内经》明确地提出了地理环境与长寿密切相关,认为优美的环境、适宜的水土都十分有利于人们的健康长寿。典型产品如广西的巴马长寿村的旅游项目。

2. 山林养生类产品

以山林溪谷为生态本底,以负氧离子、绿色环境、湿润空气、适居温度、矿泉水质、中草药等为养生元素,以森林氧吧、森林浴、雾浴、竹海浴、竹文化养生、矿泉浴、生态食疗等为核心体验项目。

3. 日光养生类产品

古代养生家已经明确感知到了日光所具有的无可替代的保健作用,如晋代嵇康在《养生论》中就提出了"晞以朝阳"的观点,唐代药王孙思邈也提倡"呼吸太阳"。历代道教方家更是推崇日光的养生作用,《老子黄庭经》中就有"日月之华救老残"的说法。

4. 花卉养生类产品

花卉是人类在大自然中最亲密的朋友之一,花卉可以净化空气,美化和改善自然环境,有利于人类的生存与发展。人们在欣赏花卉的色、香、姿、韵的同时,既陶冶了性情、获得了美的享受,也有利于身心健康。欧洲地区的芳香疗法就是此类产品的典型。

5. 生态水疗类产品

以矿泉、中草药为基础的特色生态水疗项目,同时将中医按摩、理疗、SPA 等体验项目融入其中。例如陕西洋县长青自然保护区就结合当地的养生文化,设计了"真符草汤"生态水疗养生产品。

6. 四季养生类产品

古代养生家针对春夏秋冬的气候特征,认为在饮食调摄、生活起居等方面必须顺应四时的生、长、藏特点,做到"春夏养阳,秋冬养阴",也提出了许多符合四季自然规律的养生理念。避暑产品就是四季养生产品的典型。

7. 民俗养生类产品

民族医学理论认为,当地的环境会孕育出具有当地特性的物质,这些活性物质具有去疾健体的效果。例如,瑶族药浴、藏族药浴等都代表了少数民族特色的养生方式;客家煲汤、客家药膳、客家操等都是客家人的养生方法。

四、森林生态养生旅游策划

1. 森林康养旅游的发展

随着社会工业化、城市化进程的加快和人们物质文化水平的不断提高,自然、绿色、幽静的森林公园、林业基地、山地林区、自然保护区等成为人们远离拥挤、释放压力、保持身心健康的最佳休闲选择,森林生态养生旅游得到快速发展。2016 年,国家林业局出台了《关于大力推进森林体验和森林养生发展的通知》。2019 年,国家林业局等四部门联合印发了《关于促进森林康养产业发展的意见》,提出到 2035 年,建成覆盖全国的森林康养服务体系,建设国家森林康养基地 1200 处,向社会提供多层次、多种类、高质量的森林康养服务,满足人民群众日益增长的美好生活需要。

森林康养起源于德国。进入 21 世纪以来,森林浴和森林疗养在全球快速发展,并逐渐演进到森林康养的层面,例如,日本已经正式将森林康养纳入健康生活方式。森林康养在我国的发展始于四川、湖南等地,2015 年,四川省林业厅公布了首批 10 家森林康养试点示范基地名单。2016 年开始,国家林业局在全国开展森林体验基地和全国森林养生基地试点建设,此后各省区市也先后开展了森林康养基地的评选和认定工作。我国丰富的森林资源为发展森林康养旅游提供了有利条件。从产业发展来看,对森林资源的综合开发,融入旅游、休闲、医疗、度假、娱乐、运动、养生、养老等健康服务新理念,森林康养成为一种多业态融合发展的旅游开发新模式。

森林康养是以森林生态环境为基础,以促进身心健康为目的,利用森林生态资源、景观资源、食药资源和文化资源,并与医学、养生学有机融合,以修身养心、调适机能、延缓衰老为目的的森林游憩、度假、疗养、保健、养老等活动的统称。向前认为森林康养的主要功能可以总结为:养身(身体)、养心(心理)、养性(性情)、养智(智慧)、养德(品德)之"五养"功效,其中以养身和养心为核心,以养性、养智和养德为补充。[①]

森林具有特殊的促进人类身心健康的功能,这是由于森林可以释放出植物杀菌素——芬多精,它可以增强人体免疫力。森林康养的流行对提升国民健康指数具有重要意义。森林康养产业发展的自然维度在生态康养的"6 度"基础上,又增加了"负氧度"和"精气度",构成了森林康养的"8 度"指标,并且成为判断一个地区的自然资源禀赋是否适合发展森林康养产业的评价标准(见表 3.1)。

表 3.1 森林康养旅游的"8 度"评价标准[②]

要素	标准
温度	人体最适宜的温度是 17～24℃
湿度	人体最适宜的健康湿度在 45%～65%RH,这时人体感觉最舒适,十分有利于人体健康
海拔高度	最适合人类生存的海拔高度是 800～1500m

---

① 向前.巴中发展森林康养产业的几点思考[J].绿色天府,2015(12):48-50.
② 候蔺,刘宗英.森林康养产业发展路径探微——以四川省荥经县为例[J].中国西部,2019(4):114-124.

要素	标准
洁净度	一般用空气洁净度和环境噪声强度来衡量。当 PM2.5 值低于 $35\mu g/m^3$ 时,空气洁净度为优;当噪声达到 100dB 时,人会感到刺耳和难受
绿化度	一般用森林覆盖率来衡量一个地区的绿化程度。森林覆盖率越高,负氧离子浓度越高。负氧离子有利于哮喘、支气管炎、高血压、冠心病等疾病康复,有益于减缓人体衰老过程
优产度	主要指地方农产品等物产的品质优劣程度,绿色、有机农产品占农产品总量的比重是衡量一地优产度高低的一个重要指标
负氧度	空气负氧离子浓度等级划分为六个等级,每立方厘米超过 3000 个就达到国家一级标准
精气度	森林中存在的植物精气状况。植物精气是植物释放的以芳香性碳水化合物——萜烯为主的气态有机物,对于植物有抗菌、驱虫的效用,对于人类有增加免疫蛋白、促进神经平衡的效用

2. 森林康养旅游策划的关键

(1)以保护和优化森林生态系统为首要原则

森林养生旅游项目或旅游区的策划必须明确保护和优化森林生态系统的绝对优先地位。首先,应以生态容量作为主要参考值,科学测算林区的游客容量,以确保森林的可持续性,令其不因游客进入而遭受不可逆的生态破坏。其次,要通过林相改造、物种配置、生态群落营造等合理适度的生态介入手段,优化森林生态系统的质量、容量和生物多样化程度,令其更加适合开展养生旅游活动,具有更强的旅游吸引力。

（2）打造完善绿道系统引导森林康养活动

森林养生旅游区应构建四通八达的林间绿道系统。该系统的主要功能是引导游客开展各种各样的森林康养活动。首先，游客在绿道中漫步，就是在体验呼吸负氧离子的森林浴，从而达到强身健体的目的。其次，绿道沿线设置一系列主题活动点，如林间瑜伽平台、林下水疗平台、香氛疗法花径等，供游客自主选择体验，有效延长其停留时间。再次，绿道沿线应配置齐全的公共服务设施，实现应急呼叫、慢行换乘、小坐休憩、净水补给等功能，保障游客的整体体验品质。

（3）挖掘特色资源形成品牌化差异卖点

森林养生旅游区需要着力突显本地特色资源，打造具有差异化和吸引力的品牌养生产品，以此在同质化竞争激烈的森林旅游市场中成功破局。以韩国最受推崇的森林康养旅游地区江原道和京畿道为例，这两地特别强调针对森林物产进行养生旅游开发，将各种药用食材全面融入户外健身、旅游餐饮、专业理疗和纪念购物等环节，通过林下采药、药膳食疗、药草汤浴、保健商品等门类深度挖掘游客消费，取得了良好的旅游开发效果。

（4）以专业化森林疗法保障游客的消费价值

森林养生旅游区想要切实提高地区的旅游经济效益，在生态资源可持续性与利润最大化之间寻求理想平衡，就必须坚持专业化的发展原则。例如日本的森林疗法设计标准，要求在森林疗法步道的入口处标示疗法线路的必要信息，如线路的坡度、距离、运动量以及生物多样性信息等。这些线路的平均坡度通常在5°以下，步道平均宽度1.5～2米，只有如此专业化的森林疗法标准体系才能保障相关服务的客户体验价值。

（5）以生活化公共设施和物业配置吸引游客重游

森林养生旅游区需要依托现有的城镇村落，或是度假酒店、度假村等，形成综合型的旅游目的地。其中的公共服务设施体系设置务必体现生活化特征，给人以宾至如归的感受。同时，在物业类型配置方面，引入更为专业的养生度假物业产品，如在度假村客房和度假居所内配置专门的理疗房间和设备，并提供养生管家服务等。由此，有效强化客户对本地的归属感，将其视为暂别喧嚣、恢复身心的寄托，从而促进其自觉自愿地不断重游乃至投资置业。

3. 森林康养旅游的开发对策

森林康养旅游开发以得天独厚的生态旅游资源为基础优势，以满足游客的森林康养需求为发展核心，科学合理开发森林生态旅游资源，是实现资源综合利用、环境保护和可持续发展的关键所在。国内森林康养旅游资源开发因处于初步探索阶段，所以开发利用生态旅游资源难免存在一系列的问题与弊端，例如，优良的生态康养资源环境未被有效开发与利用，未形成优质的生态健康产品；缺少满足森林康养产业长远发展的整体规划；大多数森林康养旅游基地与健康养生配套的设施十分简陋；森林康养人才队伍薄弱；服务形式单一；建设经验不足；森林环境遭到破坏，等等。面对上述问题，森林康养旅游的具体开发对策如下。

（1）找准康养目标市场，塑造生态品牌优势

森林康养旅游开发应该精确定位目标人群，选择旅游目标市场。前往森林环境中的旅游人群主要可以分为两类，一类是纯粹的自然生态爱好者，一类是进行生理与心理调节的亚健康群体、疾病疗养群体和老年养生群体。不同的游客在森林康养旅游环境中，有不同层级的康养服务需求。因此，要结合当地生态资源、文化特色

优势,分析康养适宜人群,找准康养目标市场,明确市场定位,有计划、有目标地开发利用森林生态旅游资源。

森林康养基地的旅游产品形式要得到进一步的丰富和开拓,应该充分挖掘与细分自身生态旅游资源,打造适合现代人健康养生需求的新型生态旅游产品,提升森林康养旅游品牌。良好的森林气候、丰富的森林资源、清新的空气、高浓度的负氧离子、森林特色产品、独特的森林生态文化等是生态旅游产品开发的支撑性、持续性资源。依托森林景观、生态文化开发迎合生态康养者需求的高效用性产品,是森林景区产品具有持久吸引性的卖点,是游客前往森林康养旅游区的主要对象。除此之外,依托景区山地空间,根据不同的资源特点、区域特色,丰富与开发户外运动、体育健身、森林浴、健康绿色食品等生态旅游产品,并不断衍生开发森林生态旅游的相关性服务及配套设施等附加旅游产品。强化各级政府对森林生态特色产品品牌的意识,抓好品牌战略,设计景区自身的生态品牌名称,塑造具有影响力和口碑的生态康养文化品牌,增强基地旅游产品的市场竞争力与品牌影响力。

(2)科学规划资源开发,完善旅游配套设施

森林康养旅游开发应该科学规划森林环境、自然景观和人文特色等资源要素,制定适合当地发展且符合中国现状的生态旅游资源开发规划方案,科学规划森林康养旅游资源的开发时序,做好对森林康养旅游基地、景区、目的地的区域统筹规划,为生态旅游资源的优化利用提供正确的方向指导。

现阶段森林康养旅游的重点是升级转换旅游设施,改善康养食宿条件、医疗设施条件,增加健身养生活动设施,使配套设施更加多元化,促进森林康养旅游提质升级。与此同时,增加旅游基础设施

的财力与人力投入,保证日常旅游设施的正常运行及专项维护,为森林康养基地提供强大的基础设施保障,实现景区标准化、生态化的设施建设,为游客提供更优质的生态健康设施体验。

(3)引进森林康养人才,提升旅游服务质量

积极引进具有养生保健方面及生态安全防护方面从业经验的高端人才参与森林康养旅游开发,建立合理的薪酬激励机制,留住森林康养旅游人才,为旅游的可持续发展组建一批高水平、高素质、专业化的人才队伍。不断提高森林康养旅游从业人员的专业能力与业务水平,培训专业的森林疗养师、康体健身顾问、保健医师等,提高森林景区的旅游服务质量,为游客提供规范化的森林康养服务。

(4)加大生态教育力度,加强森林康养学习

加大森林康养旅游宣传教育活动力度,印刷生态保护宣传手册,实施"互联网+森林康养+生态旅游",向游客科普康养知识与生态文化知识,加强游客对生态环境保护的认知力度,开展各种森林健康和娱乐体验活动,让游客充分理解和认识森林康养旅游对人体身心的益处,如森林环境中的疗养因子可以起到增强免疫、预防疾病、修养身心的作用,积极推广森林康养,为当地的发展带来一定的生态经济效益。

积极探讨分析德国、日本、韩国等发达国家关于山林生态旅游资源开发的典型案例,学习发达国家森林康养旅游开发建设的先进理念、技术和经验,制定适合中国发展的森林康养旅游开发模式。

(5)保护生态环境资源,强化旅游法制建设

协调好生态旅游资源开发与森林康养环境保护之间的关系,要充分评估建设各类森林康养旅游景区对生态旅游资源可能带来的

潜在危害,坚持在保护中开发、在开发中保护。传统的旅游方式对生态旅游资源的开发造成了严重的威胁,要促进旅游发展模式的转型与优化,实现生态化、效益化旅游,真正做到将绿水青山转化为金山银山。正确处理好资源开发利用与森林环境保护间的平衡发展,执行环境保护制度,避免给森林生态环境造成破坏性,甚至毁灭性的影响。要以法律法规的形式明确森林生态资源的旅游开发责任,加强当地政府对景区的监管职责,对森林生态环境造成破坏、不利于森林生态旅游资源开发的现象要给予严厉的惩处,严格保护景区的生态环境,高标准建设森林康养基地。

延伸阅读与思考

韩国江原道的山林养生旅游[①]

　　韩国部分山林景区十分重视养生旅游的开发,其中,江原道就是韩国国民最热衷的养生旅游目的地之一。江原道位于朝鲜半岛中部东侧的一片山地,东靠大海、西临首尔,四季分明、风景优美,是旅游者的休闲养生胜地。在这里,游客除了欣赏风景之外,还可以租用当地景区提供的 2 人用或 4 人用脚踏车。游客可以驾驶自行车,沿着长达 7.2 千米的自行车道,越过清澈的松川,穿过清爽的山林,迎着山上吹来的微风,呼吸林间清新的空气,感受惬意的养生之旅。江原道还为游客提供了各式养生美食,比如肉质鲜美的鳟鱼、

---

　　① 王继庆.中日韩森林旅游的养生主题设计及其产品开发[J].中国林业经济,2009(5):25-28.

富含大量维生素 A 的野生珍贵山野菜山紫菀等。利用山林植物的药性,当地加工制作了各种健康食品,吸引了大量国外游客,如人参制成品等就取自江原道的山林之中。

位于江原道江陵市的大关岭自然休养林是韩国最有名的松树林之一。据韩国旅游发展局的数据,在此天然林保护区内,松树大部分高达 17 米,树围可达 36 厘米左右。林区溪水清澈、草坪茸茸,住宿等旅游设施便利,是享受森林浴的胜地。在其森林庭院内,野花满地,水磨转动,黄土屋简约朴素,保护区的自然环境吸引着大量游客。大关岭自然休养林区每年 5 月到 10 月还开办山林学校,向游客介绍山林文化或生态知识。

思考:1. 请分析森林康养旅游策划的重点和特色产品有哪些?

2. 韩国较为成熟的山林生态养生旅游开发能够为我们提供哪些借鉴?

第四章　健康养老旅游策划

本章学习目标：

1. 掌握老龄化社会的到来与健康养老旅游快速发展之间的因果关系。

2. 全面分析健康养老旅游需求的推动要素，以及当代发展的最新特点和趋势。

3. 以健康养老旅游综合体和接待基地为载体，学习健康养老旅游策划的核心功能。

案例

"养老＋健康＋旅游"剑指 30 万亿元大健康产业①

2019 年 4 月，在《"两山理念"推动经济转型升级：宜春市"生态＋大健康"产业战略规划研究》新书研讨会上，该书主编中国社会科学院人口与劳动经济研究所所长张车伟指出，与发达国家大健康产业发展对比，中国尚处于起步发展阶段。该所副研究员赵文说："虽

---

① https://baijiahao.baidu.com/s？id＝16309872431534013042.wfr＝spider2.for＝pc。

然大健康产业占国民经济的比重将于 2030 年达到 13％左右，但仍与发达国家存在一定差距，这意味着中国的大健康产业发展空间和潜力巨大。"

为什么健康产业未来前景可以达到 30 万亿元产值规模，张车伟所长表示，这与老龄化正在加快有关。数据显示，我国已逼近深度老龄化社会。人口老龄化是基本国情，但不应该看成一种负担，而需要把危机转化为机遇，需"养老＋健康＋旅游"三管齐下。

同月发布的《健康管理蓝皮书：中国健康管理与健康产业发展报告No.2(2019)》中指出，随着生活方式转变、消费升级和产业跨界融合发展，来自科技、零售、地产等其他行业的新兴市场参与者与传统医疗健康服务市场参与者的跨界合作不断深化，构建多元化应用场景，大力推进了"健康＋养老""健康＋旅游""健康＋体育""健康＋互联网"等产业融合发展，催生出许多新型的健康服务商业模式，产业生态圈得以不断扩张。

进入 21 世纪以来，人口老龄化已经成为全世界面对的共同趋势，老龄化既是经济和社会发展的严峻挑战，同时也是发展"银发经济"的重要契机，全社会健康老龄化所产生的刚性需求亟待满足。现代老年人已经不再简单满足于基本的物质生活需求，追求更高层次的旅游休闲活动已经成为新的消费意愿，对于生活能够自理、经济实力较好、富有一定旅行经验的老年人而言，"旅游＋养老"已经成为一种新型的养老方式，不仅为老年人提供了高品质的休闲养老方式，也为旅游经济发展创造了新的需求。一些新型的健康养老旅游方式、产品和业态不断涌现，供给能力也在快速增长。国务院印发的《"十三五"旅游业发展规划》中也提出，要制定老年旅游专项规划和服务标准，开发多样化的老年旅游产品，建设综合性康养旅游基地。

一、健康养老旅游的概念

健康养老旅游,衍生自健康旅游、养生旅游,是一种建立在自然生态环境、人文环境、文化环境基础上,结合观赏、休闲、康体、游乐等形式,以达到延年益寿、强身健体、修身养性、医疗复健等目的的旅游活动。2016 年发布的《国家康养旅游示范基地》[①]中认为康养旅游是指通过养颜健体、营养膳食、修心养性、关爱环境等各种手段,使老年人在身体、心智和精神上都达到自然和谐的优良状态的各种旅游活动的总和。

据联合国相关统计资料显示,早在 20 世纪初,全球许多国家就已经进入了老龄化社会。随着我国社会人口老龄化的不断加剧,健康养老产业的发展日益凸显出重要的战略地位。根据中国发展研究基金会发布的《中国发展报告》2020:中国人口老龄化的发展趋势和政策》预测,到 2025 年,我国 65 岁及以上的老年人口将超过 2 亿人,到本世纪中叶,中国人口老龄化将达到最高峰,65 岁及以上老年人口占比将接近 30%。[②] 此外,由于家庭建设已基本完成,子女无须照顾,多数老年人拥有更多可自由支配的收入和较多的闲暇时间,有钱有闲的老年群体的持续增加会促使老年旅游市场日渐繁荣。随着物质水平的逐渐提高及思想观念的不断改变,老年旅游市场规模增长迅速,老年旅游需求也由单一的观光旅游向休养度假、疾病预防、健康促进、保健康复等多元化的康养旅游需求转变,也刺激了学术界对健康养老旅游的研究。

国外学者在这方面起步较早,形成了很多卓有意义的研究。比

---

① 国家旅游局公告.国家康养旅游示范基地(LB/T 051-2016)[R],2016 年 1 号。

② 中国发展研究基金会.中国发展报告 2020:中国人口老龄化的发展趋势和政策[R].2020-6-11.

如,吉恩(Guinn)在研究中发现,老年人在健康休闲旅游的活动过程中表现出对康体、休闲、健身的强烈动机。[①]　弗莱舍(Fleischer)等在回顾以往文献的基础上指出老年人参加健康休闲旅游,最主要的动机是休闲放松、身体锻炼、社会互动、学习和医疗。[②]

另一方面,国外学术研究也关注到有诸多要素会成为老年人参加健康休闲旅游活动的障碍,例如身体条件、外部环境因素、信息缺失、费用,等等。克劳馥(Crawford)等把老年健康休闲游障碍因素分为三类,即个人内在障碍、人际间障碍和结构性障碍(见表4.1)。在旅游目的地的选择方面,当地居民的友好态度、气候、成本、环境、家庭、文化地理位置、生态环境及景色优美、接待设施齐全、治安良好、旅游价格合理、地点适中、行程内容体力可胜任、当地医疗水平等都是重要的影响因素。[③]

国内开展针对老年人健康旅游的研究,最初以人口学、人文地理学和旅游学学科为主,研究主要集中于老年旅游人口特征、旅游开发现状、消费者行为、消费者动机细分、乡村生态养老旅游等内容。近年来,随着老年人旅游规模的不断扩大,相关研究更多地聚焦健康养老旅游动机与影响因素。黄(Huang)等研究发现中国台湾银发族多数以休闲和放松作为最主要的健康休闲旅游的动机,社交活动及与家人相处是次要的动机,而追求惊险刺激则是最不重要

---

① Robert Guinn. Elderly Recreational Vehicle Tourists: Motivations for Leisure[J]. Journal of Travel Research,1980(9):9-12.

② Aliza Fleischer,Abraham Pizam. Tourism Constraints among Israeli Seniors[J]. Annals of Tourism Research, 2001(1):106-123.

③ Duane W. Crawford,Geoffrey Godbey. Reconceptualizing Barriers to Family Leisure[J]. Leisure Sciences,1987(2):119-127.

的动机。[①] 包亚芳运用因子分析法得出老年旅游动机的三个主成分因子为求知与好奇、社交与文化、健康与自我提升,其中"求知与好奇"因子的影响最大。[②] 李琳、钟志平总结了老年旅游的出游动机(内因)包括健康、情感、文化、完善人生和从众五个方面,而影响因素(外因)包括社会政治经济文化技术的发展进步、社会对养老的重视、媒介宣传的影响、家人朋友的影响、过往经历五个方面。[③] 李松柏总结了城市老人选择乡村休闲养老目的地的影响因素,包括目的地自然环境、人文环境、休闲养老配套设施、生活基础设施、管理服务和目的地形象等多个方面。[④]

表 4.1 克劳馥(Crawford)等对老年健康休闲旅游障碍因素的分类

障碍类型	旅游障碍解释
个人内在障碍	指个体因内在心理状态或态度影响其喜好或参与,如压力、忧虑、信仰、焦虑、自我能力及旅游活动之主观评价等
人际间障碍	指个体因没有适当或足够的参与伙伴,而影响其参与及喜好
结构性障碍	指影响个体喜好或参与的外在因素,如金钱、时间、资源和设备等结构上的障碍

目前我国康养旅游的发展现状是主力市场群体为 60 岁以上的老年人,因此,老年康养旅游是在新形势、新观念、新时代条件下对传统老年旅游的升级换代,需要依托新型的康养度假基地为老年游客提供全方位、高品质的服务。从产品开发的视角出发,王瑗琳提出,老年康养基地不仅要包括基本的公共服务设施和旅游综合服务

---

① Leo Huang, Hsien-Tang Tsai. The Study of Senior Traveler Behavior in Taiwan [J]. Tourism Management,2003(5):561-574.

② 包亚芳.基于"推—拉"理论的杭州老年人出游动机研究[J].旅游学刊,2009(11):47-52.

③ 李琳钟,钟志平.中国老年旅游研究述评[J].湖南商学院学报,2011(6):100-104.

④ 李松柏.长江三角洲都市圈老人乡村休闲养老研究[J].经济地理,2012(2):154-159.

设施,更应以康复中心、美容中心、养生厨房、健身娱乐中心等配套设施为特色[①]。杨振之则认为老年康养旅游产品应分为"养眼、养身、养心"三大系列,满足多层次的市场需求,并打造综合性的康养度假基地。[②]

二、健康养老旅游的需求分析

1. 健康养老旅游消费行为影响因素

旅游消费行为是旅游者在旅游活动中所有消费活动的总和,一般包括旅游开始前的决策行为、旅游过程中的实际体验消费行为,以及旅游结束后的评估行为三个方面。影响旅游消费行为的因素一般可分为内部因素和外部因素两个方面,其中内部因素主要包括旅游偏好与旅游态度,外部因素主要包括家庭结构、社会阶层、广告营销、参照群体影响等(见图 4.1)。

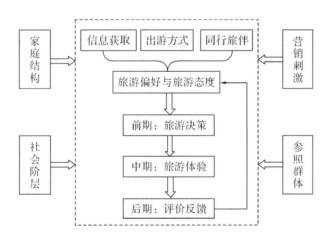

图 4.1　健康养老旅游消费行为影响因素作用机理

---

① 王瑷琳.国内康养旅游服务产品的开发策略探析[J].中国商论,2017(34):39.
② 杨振之.中国旅游发展笔谈:旅游与健康、养生[J].旅游学刊,2016(11):1-4.

旅游需求是旅游行为产生的内在驱动力,老年旅游者在健康旅游需求的驱动下,通过各种途径搜集相关信息,选择出游工具、方式及游伴,并对备选方案进行评估选择,从而产生旅游活动前的决策行为。主观意愿指导客观行为,旅游决策行为对后续的旅游实际体验和旅游结束后的评估都具有重要的指导作用。老年游客通过在具体旅游过程中的各种消费活动的感知、体验来不断修正自己的主观决策,使决策更为合理可行,贴合实际。在旅游活动结束之后,评价整个旅游活动,形成满意度,进而形成下次旅游活动的消费意愿,从而影响其后续的旅游决策及消费行为。

2. 健康养老旅游消费行为特征

(1)偏好结伴出游,游伴选择影响出游方式

随着年龄的增长,老年人的身体机能开始下降,生理的改变也使得老年人心理极其敏感,害怕孤独。同时,退休后的生活使得部分老年群体无所适从,容易有失落感、孤独感、恐惧感等情绪,因此,他们喜欢以团队的形式活动出游,渴望结交更多的朋友,体现自己的社会价值。同时,由于身体状况及自身精力的限制,他们一般也比较倾向于别人帮助其安排行程并渴望在旅游过程中能够互相扶持。

(2)出游意愿强,消费水平高,健康倾向性消费模式明显

随着经济社会的发展和人民生活水平的提高,老年人对精神生活满足的需求越来越强烈,在经历了生活的磨炼与考验后,希望在晚年能够增长阅历、丰富生活、享受人生,同时,现在社会上许多老年人存在生理和心理方面的健康问题,他们希望能够通过旅游活动使身心状况得到改善。此外,老年人摆脱了工作的束缚,拥有充足的时间,经过青年阶段的奋斗积累、子女的资助及国家各项惠民政策的扶持,具有较强的支付能力。因此,老年群体大都表现出了强

烈的出游意愿。

（3）"候鸟式"出游趋势明显，活动范围较广，总体呈现距离衰减规律

调查显示，老年游客出游首先偏向于选择气候环境适宜的春季和秋季，但同时也表现出明显的"候鸟式"趋向，比如在酷暑时节选择去各大避暑胜地疗养，在寒冷的冬天去海南、云南、广东等温暖如春的地方过冬，从而避免严寒给身体带来的负面影响。出游范围分布广阔，具有较强的跨省域活动能力，总体上呈现距离衰减规律，诸如福建厦门、江西宜春、辽宁丹东、山东威海等地作为国内知名的养老胜地与老年旅游目的地，都具有较高的到访率。

（4）总体出游率较高，出现两极分化现象，满意度有待提升

老年健康休闲旅游者总体出游频率较高，平均每年出游3次及以上的占比达一半以上。但由于存在经济条件及身体状况等方面的差异，也出现出游频次两极分化的现象。由于老年旅游市场发展较快，许多专属性产品和服务的开发建设还亟待加强，因此，目前老年旅游的总体满意度不高，还需要旅游企业及相关服务部门共同努力，设计适合老年身心特点的健康休闲旅游产品，不断提高自身服务质量，健全服务体系，提高顾客满意度。

（5）旅游目的性强，有较为明确的产品偏好，关注适宜的体验设计

老年人选择健康养老旅游最主要的目的是修身养性和休闲娱乐，希望能够在旅游活动中获得快乐的晚年生活体验；而老年人最为偏好的旅游产品是养生度假旅游、食疗康养旅游，以及温泉浴、森林浴、阳光浴等生态养生旅游活动，此外，他们还喜欢参与骑行、摄影、采摘、绘画采风等集体性体验活动。对于旅游接待服务，老年人最为关心的就是能否提供健康营养的膳食、安排丰富多彩的旅途活

动和住宿生活、度假基地能否配备相关诊疗中心,以及是否配备专业人员、是否有适宜的健身娱乐中心等。

2018 年 6 月,我们针对老年游客的健康养老旅游消费行为进行了调研,形成了调研报告。以下为部分调研统计结果:图 4.2 为游客参与健康养老旅游的目的;图 4.3 为游客对健康养老旅游项目的偏好;图 4.4 为老年游客对营养膳食产品的关注度;图 4.5 为老年游客能够接受的一次健康养老旅游活动的消费水平。

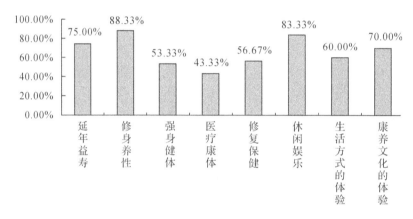

图 4.2 健康养老旅游目的

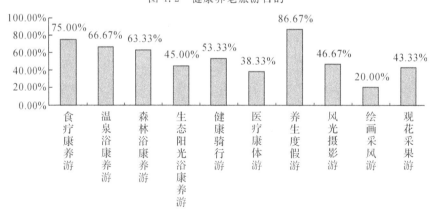

图 4.3 健康养老旅游项目偏好

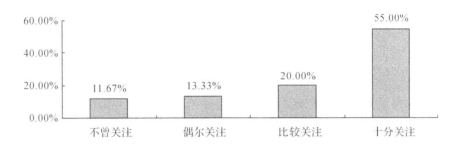

图 4.4　老年游客对营养膳食产品的关注度

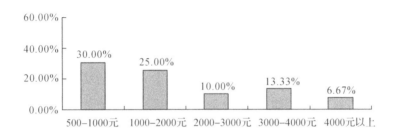

图 4.5　能够接受的一次健康养老旅游活动消费水平

三、健康养老旅游的策划原则

各类社会调研活动的统计结果都显示,老年游客对于目前市场上所提供的各类健康养老旅游产品在期望和实际感知方面还是存在着较大的差异,供给对需求的满足度及二者的契合度还远远不够,"老年""康养""度假"三个核心定位的内涵体现不足,结合供需差异和目前存在的主要问题,健康养老旅游产品的策划和开发应遵循以下基本原则。

1. 优先满足环境、经济和政策等多项条件

健康养老旅游作为一类专项旅游产品,其策划与开发应在满足多项基本条件的基础上进行。首先,为满足老年人养生养老的需

要,健康养老旅游开发对于自然环境要求较高,不仅依托森林、温泉、滨海、滨湖、田园等自然资源,而且宜选择阳光充足、空气新鲜、无噪音、气温稍寒、致病因素少等生态环境优越的场所。其次,健康养老旅游是随着人们经济条件的改善及对健康的逐渐重视而产生的,与社会养老产业的发展密切相关,因此,应优先选择区域经济发展水平较高的地区,选址和开发要基于城市发展的宏观视角。再次,健康养老旅游开发前期投资较大,回收周期较长,还需要当地政府提供有力的政策支持和保障机制。

2. 努力提升旅游环境产品的开发广度和深度

首先,实现内外环境的互通和无缝衔接,使老年人通过步行、骑行等简单的方式就可融入高质量的绿色自然环境之中,并能够感受到当地浓郁的风土人情,欣赏到多元化的历史人文。其次,进一步增强度假基地的交通可进入性,避免舟车劳顿,基地内外部的交通连接与客人输送也应加以特殊的设计,保障老年人的无障碍出行。再次,将营造养老度假氛围作为重点,不仅通过物质环境的改善和装饰装修打造适应老年人审美的基地外观,而且通过与当地人和社区的融合,提供宽松适宜的度假精神环境。

3. 积极扩大旅游设施与服务产品的优势与特色

首先,着重从舒适性和便利性等方面增设养老度假设施与服务,如客房内的暖气、隔音设施,无障碍设施;大堂的休闲空间、脚凳、阅览室等;户外的休憩桌椅、遮阳伞等。其次,着力增加和提高健康餐饮的品类特色与性价比,可利用周边的绿色农场安排老年人自助采摘新鲜蔬菜,以提升顾客在餐饮方面的丰富体验。可增设多种形式的就餐方式,如送餐入户、户外餐厅、零点餐厅等。再次,建立高质量的服务标准,尤其在针对老年人的健康咨询服务、引导服务、提醒服务、帮携服务等方面开展员工的专业化培训。

4. 重点策划一批专业的康养设施与产品

首先，以丰富的康养体验活动为特色，可拓展自然环境疗法、旅居休养、食疗养生等多种健康疗养组合产品；定期邀请专业的太极、舞蹈、琴棋书画、棋牌娱乐、乒乓球等方面的老师为度假客人进行现场教学；借助康养生日会、茶话会、影迷会、阅读会和康养主题沙龙等形式的活动增加老年人度假期间的文娱体验。其次，配备完善的医疗健检设施，如大堂按摩椅、健身房、客房应急呼叫，以及设立健康档案，开展健康评估和健康咨询等。再次，根据各基地的实际情况，增加健康疗养类的特色产品，如针灸、推拿、中医诊疗、足浴等，以及健康骑行、徒步旅行、户外摄影、户外采摘等，倡导有氧训练、平衡疗法、健康远足、医疗体操等独特的运动疗法。

四、健康养老旅游产品策划

在现代旅游管理理论中，整体产品的概念应用广泛，即一个完整的旅游产品应当包括核心部分、有形部分和延伸部分，这也反映出旅游产品涵盖要素多元、涉及内容丰富的特性。健康养老旅游产品的策划，首先，需要明确其核心功能，即健康养老旅游旨在实现的核心需求和功能。其次，基于整体产品的概念，构建健康养老旅游的基本产品体系，并划分核心产品、环境产品和特色产品，不仅满足基本的旅游接待，而且凸显特色主题和价值衍生，围绕特色旅游资源开发功能性、增值性的旅游产品。

1. 核心功能

健康养老旅游策划必须基于一定的空间载体进行，除了普遍意义的具有养生养老资源的旅游景区和旅游目的地外，随着当前老年旅游市场群体的规模化扩张，养老旅游综合体正在成为一种全新的发展业态和空间类型。其开发主体可以是旅游企业、养老服务企业或是房地产开发企业，空间环境内应具备居住、养生、医疗、度假、休闲等生活和商业条件，以住宿集群、娱乐集群、生活服务集群为载体，实现休闲度假功能、医疗健康功能和社区养老功能的集合，从而满足老年人的健康旅游需求和旅居养老需求。

（1）休闲度假功能

健康养老旅游基于旅游度假区或旅游景区进行开发建设，利用良好的自然生态环境和人文活动环境，应重点拓展休闲式旅游观光和候鸟式旅游度假等核心功能，具体表现在三个方面。首先，在基础设施与旅游服务设施方面，应满足老年人的休闲度假需求，提供适老化的居住环境和养生氛围，可以设计老年专属客房和度假式公寓，并注重无障碍设施和服务的提供。其次，在休闲游憩设施与服务方面，应关注到老年人的度假时间相对较长，应配套相应的休憩场所，如健身步道、养生中心、疗愈花园等，并提供特色化的旅游线路。再次，在娱乐设施与服务方面，应配套棋牌、书法、音乐、舞蹈、健身、理疗等常规服务，以及采摘、插画、摄影、茶道、禅修等特色服务，开发系列课程，引导老年人参与更丰富、更具品质的休闲度假生活。

（2）医疗健康功能

老年旅游群体最关注的就是身体健康和旅游目的地的医疗水平，因此，健康养老旅游在基本的旅游和生活服务之外，还应提供医疗健康类的专项特色服务，主要包括三个方面：首先，应配备常规的健康养生设施与康养特色服务，如 24 小时安全看护、健康检查与健康档案建立、康复养生知识讲座、健康养生套餐选择，以及针灸、推拿等医疗健康服务;其次,针对老年人常见疾病的预防与处置,旅游接待基地应配有常规性身体自检设备,如血压计、血糖仪、体重秤等,同时建立地方性的医疗应急响应机制,配套医疗康复理疗中心,提供智能化诊疗远程服务等;再次,依托优良的气候和生态环境开展各种疗休养性质的养生活动,如生态体验、森林康养、温泉水疗、健康运动疗愈等,同时,依托国学、民俗、艺术、中医药、道教等养生文化开展主题文化康养,如中医药康养、文化体验、健康生活方式养成等。

(3)社区养老功能

当前的老年旅游市场已经形成一种显著的"候鸟式养老"现象,老年人通常会在目的地停留短则十天半月,长则数月,甚至半年以上,这不仅是对旅游接待地的长期性考验,而且对接待地的养老服务也提出了一定要求。因此,在健康养老旅游目的地,应以社区化的概念提供相关服务,如生活照护、卫生医疗、精神关爱等,消除老年人在旅游地的陌生感与孤独感,增强休闲度假生活的舒适感和归属感,使老年人愿意长时间居住或经常性到访。社区养老功能的体现一是要住宿设施完善、生活舒适便利;二是要有专业、高端、规范的居住和服务标准;三是要提供丰富的促进社群交往、往来沟通和学习进步的项目和活动。

综上所述,健康养老旅游策划应专注于三大核心功能的配备与完善(见图 4.6),既要满足老年群体的旅居度假、健康养生和社群交往需要,还要满足旅游产业的发展需要。因此,在旅游开发的具体操作过程中,还需体现三个特性。一是功能的复合性,即在服务于养老旅游需求的同时,也要服务于大众旅游需求,实现功能的叠加与延伸。二是效益的综合性,即在实现特定旅游经济效益的同时,更追求服务社会、关爱老人等社会综合效益。三是要素的系统性,即健康养老旅游综合体不只是单一的景区或酒店,而是一个涵盖多类因素的复杂系统,是养老产业和旅游产业诸多要素的聚集区。

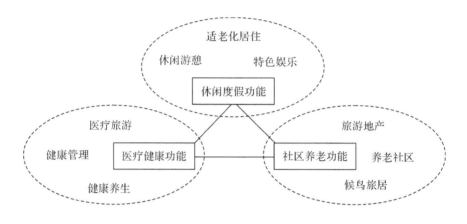

图 4.6　健康养老旅游策划的核心功能

2．产品体系

健康养老旅游策划的核心理念是构建既能满足老年人修身养性、观山赏水、交朋会友、健身理疗等目的的旅游环境和空间场所,同时还能为老年人短期或长期度假提供高标准连续性的照料服务,形成旅居、养生、康体、休闲、度假等多功能相融合的综合性产品开发体系。整个旅游产品体系的构建一方面应符合全面性、系统性、针对性、特色化的基本原则,有外延拓展的空间与通道,有助康养旅游度假全产业链的形成;另一方面应充分服务于老年游客群体及其康养度假的核心需求,有明确的老年康养功能性产品,并通过相配套的产品与服务彰显特色。以老年康养度假基地为例,基于健康养老旅游策划的三大核心功能,其产品体系一般可划分为核心产品、特色产品和环境产品三大类(见图 4.7)。

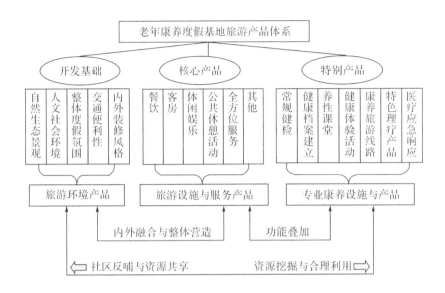

图 4.7　老年康养旅游基地产品体系构建示意

（1）核心产品

核心产品是健康养老旅游活动开展的基础，即基本的旅游设施与服务类产品，主要包括客房（酒店、养老公寓、度假别墅等）、餐饮配套、公共休憩活动（游步道、观景长廊、栈道、广场、花园等）、休闲娱乐（棋牌、观影、阅读、球类运动、品饮等）。同时提供全方位的配套服务，如接待服务（专用停车场、接待服务中心、互联网服务等）、专属服务（私人管家、营养师、健康助理、会员定制等）。

（2）特色产品

特色产品是健康养老旅游策划的重点，以专业的康养设施与服务类产品为主，主要包括医疗健检类特色产品（健康体检、健康管理咨询、康复理疗、应急医疗等）、康体健身类特色产品（森林康养、温泉水疗、户外运动、室内健身等）、文化康养类特色产品（养生文化体验、中医药养生、养生课堂等）。

（3）环境产品

环境产品同样是健康养老旅游产品开发的基础，主要是指外部环境的建设和整体氛围的营造，即基于自然生态资源和人文社会资源开发适宜于健康养老的内外旅游环境，与核心产品之间形成内外连通与融合，共同营造以老年人为主要目标市场的休闲度假氛围。同时，注重与周边城市和社区之间的共生共享发展。

延伸阅读与思考

美国 CCRC 社区——太阳城①

1. 从人性需求角度出发的养生

美国的养老养生产业建立在经济、政策、技术和文明程度的基础上，因此，旅游规划发展相当成熟，成为世界上养老产业的领军者。美国城市建设起初并没有刻意去做无障碍设施，但各种细节上的关怀无微不至：旧金山的商店门口基本以缓坡代替了台阶，地铁站附近的马路上提供直接通到地下的电梯；马路路口处的红绿灯按钮较大，上面有凸起的方向纹饰。在美国由养老产业带动起来的片区太阳城——Sun City Center，已经成为世界旅游城市，同时成为美国发展最为迅速的地区之一。

美国的太阳城在整体规划中着重强调医疗设施与配套设施的建设，整体景观环境优美并且舒适宜人，并借助一两个知名休闲旅

---

① 谢雯，李雪. 全球养生旅游模式盘点. 巅峰智业之巅峰研究栏目，https://www.davost.com/research/detail/421-5e8f8ff463.html? p=1

游规划示范点来带动周边经济发展与社区知名度。整个社区给人以放松惬意的感觉,并把同理心、人性化、怀旧的元素运用到室内装饰与无障碍设施设计中。社区软性服务方面强调尽量满足住民需求,同时配以专业的服务,提供从自理到持续照顾的一站式服务。

2. CCRC 社区的成功模式

CCRC(continuing care retirement community),即持续照料退休社区,在美国已经有一百多年的历史。CCRC 社区形成于 19 世纪中期,最初是为退休后的神职人员设立的,后来逐渐转变为普通市民也可享受的养老模式。目前美国 CCRC 社区数量已超过 2100 个,总共照顾约 62.5 万名退休老人,60% 左右的社区由政府投资设立。CCRC 社区实质上是生活照护社区,涵盖了老年生活的各个部分,兼顾了衣食住行、医疗健康、心理关照、自我价值再认识和社会生活各方面的全面需求,它营造的是老年人退休以后的新的生活方式。

CCRC 社区主要是采用居家式的自主养老方式,包括住宿、餐饮、娱乐活动等功能,配有如高尔夫、网球、爬山、步行等活动场所和自行车道、游泳池、健身室等活动设施。CCRC 社区的核心理念是能够为每位住民提供三大区块服务:独立生活区服务、协助生活区服务(日间照顾、辅助生活、关怀照顾)、护理生活区服务(持续照顾、家庭式医疗)。整个 CCRC 社区的服务内容是由居住者根据自身条件自由选择,居住者随着年纪的增长与生理的需要,逐渐从独立生活进入协助生活,最后进入护理生活阶段并且服务一直提供到居住者去世前。

台湾长庚养生文化村[①]

台湾长庚养生文化村位于台湾桃园龟山乡,占地约 0.34 平方千米,位置优越,环境优美,绿化完善,由台塑集团董事长王永庆投资 500 亿元新台币,依托长庚医院及其提供的完善的健康服务体系建成。长庚养生文化村的设计理念包含"怡亲、健康、养生、文化、社区、体验、教育训练"等七大主题,但最主要的理念是"活到老,做到老"。依托高质量的医疗及健康服务,以及完善的养老配套设施,长庚养生文化村不仅为当地居民提供了一个养生养老的安居之所,同时也吸引了大量的养生度假游客、乡村旅游游客和医疗旅游游客。

长庚养生文化村作为一个健康养老旅游策划的典型案例,其成功的关键要点之一是着眼于老年长者的根本需求,提供针对老年人的高质量的医疗及养生健康服务,具体策划项目包括:

● 设立社区医院,提供居民特约门诊,以及康复配套护理等医疗服务;

● 定期开展健康检查、防疫注射与体能检测服务;

● 配备专业人员,提供周详的用药管理服务;

● 设立居民个人健康计划,并提供养生处方;

● 建立个人健康资料库;

● 设置全天候监控中心并结合长庚医疗体系,确保高效率的紧急医疗救护功能;

● 定期举办健康讲座,提供养生咨询等。

---

① https://wenku.baidu.com/view/d00f7b7a1711cc7931b71619.html.

此外,长庚文化村从营造健康向上的养老生活和社区氛围出发,尊重老年人的心理需要,规划了丰富多彩的各类活动,如运动养生、娱乐交谊、文艺技艺、民俗活动、宗教活动等,并为之修建相关配套设施(见表4.2)。文化村内还拥有完整的社区功能,设有超市、银行、书店、图书馆、餐厅、体育馆、水疗池等。如有家属来探访,也有招待所可供住宿。完善的配套设施不但丰富了居民的业余文化生活,更为长庚养生文化村旅游业的发展提供了保障。同时,从尊重老年人的人格需求出发,文化村内还开设了老年大学,并为老年人提供有偿工作,如园艺指导管理、简易水电维修等,老年人如有相关专长,可以通过为大家服务或是开设课程而按劳取酬。

表 4.2　长庚养生文化村健康养老旅游配套设施

休闲娱乐配套	居住配套	度假物业配套	公共设施配套	餐饮配套
体育馆	银发社区	主题酒店	长庚医院	风味餐厅
健康俱乐部		体验社区	社区医院	老年餐厅
游泳池			超市	
网球场			书店	
宗教活动场所			银行	
娱乐中心			老年用品超市	
养生会所				
生态养生园				
体验营				

思考: 1. 请综合分析美国CCRC养老模式的主要优势,以及引入中国的适应性条件。

2. 从当前中国老年人的需求特点出发探讨健康养老旅游产品的开发方式与主要类型。

第五章　体育休闲旅游策划

本章学习目标：

1. 了解我国体育休闲旅游的发展进程，尤其是户外运动在我国的普及与发展。

2. 了解体育运动与休闲旅游之间融合发展的多种模式和发展对策。

3. 能够全面分析体育休闲旅游市场快速增长的动机、需求与外部环境要素。

案例

助力冬奥会 北京打造"冰雪旅游"新名片①

2022年第24届冬季奥林匹克运动会将在北京举办。北京冬奥会不仅是一场体育盛事，更将带火北京冬季文化旅游市场。随着冬奥会的临近，北京市文化和旅游局整合北京优势冰雪文化旅游资源，深挖冰雪旅游文化，加速文化和旅游、体育和旅游融合脚步，全

_____

① http://travel.southcn.com/l/2019-12/09/content_18972 5916.htm

力打造北京"冰雪旅游"新名片。

景山松雪、黑龙潭冰瀑奇观、双龙峡林海雪原、桃源仙谷冰瀑美景……进入冬日,北京一派北国风光,丰富、优质的冬季文化旅游资源撩拨着全国游客的心。2019年冬天,为更好地推广北京冬季文化旅游资源,丰富来京游客和市民的冬季文化旅游生活,助力北京冬奥会的举办和冰雪运动的普及,北京市文化和旅游局集中推出了30条冬季旅游线路,包括15条主题游线和15条自驾游线。例如,"魅力京张,冬奥抢先看"北京延庆、张家口崇礼三日游产品中,游客可以前往张家口崇礼颁奖广场、滑雪场,提前一睹冬奥场地风采。

2019年12月31号,伴随着2020年新年倒计时活动,第四届北京冰雪文化旅游节同步启动。北京冰雪文化旅游节以"激情冰雪·魅力北京"为主题,将开展新年庆典、庙会民宿、冰雪赛事、精品文博、美食购物等五大类主题活动,包括"地坛春节文化庙会""龙潭春节文化庙会"等十余场特色庙会,国际、国家级冰雪赛事、京津冀省际冰雪赛事、市区级冰雪赛事在内的214项"北京市民快乐冰雪季"系列活动。

随着我国体育产业的快速发展,以健身休闲产业为代表的相关业态发展形势迅猛,显示出巨大的发展潜力和经济带动力,"体育＋旅游"融合发展已成为一种趋势和潮流。随着人们强身健体意识的增强及对体育赛事热情的高涨,体育休闲旅游市场逐年扩大。体育产业与旅游产业双方优势联合,不仅能使平台增值,还可以产生$1+1>2$的效果。近年来,国务院先后出台《关于促进旅游业改革发展的若干意见》和《关于加快发展体育产业、促进体育消费的若干意见》,都提到了"积极推动运动休闲旅游,加强竞赛表演、健身休闲与旅游活动的融合发展",表明旅游产业与体育产业的融合已经作为一项国家战略被确立,这种融合的直接表现就是体育休闲旅游这一产业形态的加速勃兴。

在我国经济持续发展和个人闲暇时间不断增加的背景下,体育休闲旅游已经成为城市居民的一种新型时尚的生活方式,也体现了大众对高品质生活和健康养生状态的追求。体育休闲旅游活动适合的市场群体范围很广,不仅有利于人们树立正确的健身和消费理念,而且蕴藏着巨大的经济价值,在拉动消费、优化产业结构、扩大就业等方面都起到了积极作用。

一、体育休闲旅游的发展历程

当今社会快节奏、压力大的生活状态使城市居民迫切需要一种合适的休闲方式来减轻工作压力,依靠体育休闲旅游来释放压力、愉悦身心、强健体魄、陶冶情操成为人们的新需求。从政策的角度看,在观光旅游向休闲、度假、文化旅游转变的当下,旅游作为城乡居民重要的休闲方式,对消费市场和经济社会发展产生着越来越重要的影响。相较于单纯的观光旅游,体育休闲旅游作为一种特殊的旅游形态,旨在让游客在旅游过程中感受到运动的快乐,同时体验并融入健康养生的生活态度和方式,收获身心的愉悦。

当前,体育休闲旅游在欧美国家中持续快速发展,体育休闲旅游已经形成了巨大的市场。例如,攀岩、高山滑雪、潜水、冲浪,以及蹦极等都是国外体育休闲旅游发展的重要表现形式,实现了旅游与体育运动的完美结合。再如,英国每年参加高尔夫旅游的人数高达300多万;被称为"欧洲屋脊"的瑞士,每年滑雪旅游项目接待的国外游客高达1500多万人;德国每年都有多于200多家的旅行社积极组织自行车旅游。国外体育休闲旅游业的蓬勃发展为这些国家创造了巨额的收入,他们将体育休闲旅游作为一种高收入与产出的旅游项目进行经营,并积极扶持体育休闲旅游的发展。

在参与性体育休闲旅游成为人们生活休闲主要方式的基础上,观赏性体育休闲旅游也成为国外体育休闲旅游的重要组成部分,并随着各大国际体育赛事的开展而为地方发展带来了丰厚的经济效益和无限商机。

2014年国务院出台的《关于发展体育产业、促进体育消费的若干意见》明确提出要"大力培育健身休闲等体育服务业";2016年10月,国务院办公厅又正式印发了《关于加快发展健身休闲产业的指导意见》(简称"意见"),对水上运动、山地户外运动、航空运动、冰雪运动及汽车摩托车等五项户外运动进行了重点的阐述。水上运动、山地户外运动、航空运动是健身休闲业中供需两端都具备相当基础和潜力的产业,而且在空间上代表了"水、陆、空"三个层次的不同特色。该"意见"还对汽车摩托车运动、汽车露营地建设、极限运动、电子竞技、击剑、马术、高尔夫等时尚运动项目,武术、龙舟、舞龙舞狮等民族民间健身休闲项目等特色运动及群众性活动提出了具体指导意见。

2022年冬奥会将在我国举办,目前我国的冰雪运动产业已经初步形成了以健身休闲为主,冰雪旅游、竞赛表演、场馆服务、运动培训和体育旅游等业态协同发展的产业格局。国家体育总局发布的《冰雪运动发展规划(2016—2025年)》明确提出,要加快推动冰雪健身休闲业,积极培育冰雪竞赛表演业。目前,大众参与冰雪运动项目的热情十分高涨,冰雪旅游市场开发建设如火如荼。

在体育休闲旅游领域中,户外运动作为一个细分领域,获得了快速的发展和社会认可,并且已经形成了相对独立的产业形态。户外运动大多带有探险性,属于极限和亚极限运动,有很大的挑战性和刺激性。参与户外运动,拥抱自然,挑战自我,能够培养个人毅力、团队之间合作精神,并提高野外生存能力,深受青年人的欢迎,故而日益成为旅游开发团队关注的焦点。目前,全球户外运动产业的年交易额已达到 150 多亿美元。以户外运动为主体的体育休闲产业是美国体育长盛不衰的基础。

户外运动源于欧美早期的探险、科学考察,它最主要的表现方式是在规范和安全的前提下走出城市、走向自然,从事具有一定风险且又有挑战性和针对性的活动。户外运动的兴起,使人们逐步离开传统的体育场馆,走向荒野,纵情于山水之间,面向大自然寻求人类生存的本质意义。同时,它还体现了人类返璞归真、回归自然、保护环境的美好愿望,因此,已被世界各国誉为"未来体育运动"。户外运动不仅可以令人强健体魄、放松压抑紧张的心情,充分享受大自然给予人们的无穷魅力和震撼,还可以加强人与人之间的相互理解和信任。

目前,户外运动在中国的发展还处在初期阶段。我国的山水地理条件得天独厚,拥有良好的自然资源,具备户外运动发展的良好的地理条件。极限类和亚极限类户外运动,因其具有较大的挑战性和刺激性,主要的受众群体是 18～35 岁的年轻人。随着我国户外运动的逐步兴起,陆地上的登山、攀岩、溯溪、溪降、探洞,以及一些以带有冒险性的极限运动等为主体的山野类活动目前已被许多中国人所接受,正逐渐由少数爱好者参与的另类运动向大众化的休闲体育方式转变,以时尚、自我为标志的都市动感新一代,构成这部分运动的主要参与人群。加之户外运动的专业策划机构和俱乐部快速发展,我国的户外运动旅游市场前景十分广阔。

综上所述,体育休闲旅游产业作为一项朝阳产业,它的衍生与发展符合现代人的休闲消费心理,它可以让人们在观光旅游的同时健身、娱乐与养生,旅游产业相关部门对体育休闲旅游产业的支持力度也呈螺旋式的发展趋势,体育产业与休闲旅游产业的融合发展前景越来越广阔。

二、体育休闲旅游的概念

体育休闲旅游是兼顾旅游和体育两方面活动的新兴产业。国内很多专家对体育休闲旅游的概念进行了不同角度的定位,综合各种意见,本书认为:体育休闲旅游是以旅游为载体,参与特定的体育运动为主要目标的一种业余休闲活动。通过运动有些人可以人放松身心,驱散疲劳,释放生活和工作压力,也有些人单纯追求刺激和冒险。体育休闲旅游活动既不同于一般的在旅游过程中观看和从事一些简单体育项目的旅游活动,也不同于专门性的体育锻炼活动。前者是以旅游为主,而其中的体育项目仅为旅游中的部分内容,且不是主要内容,如在旅游过程中观看少数民族表演武术等活动;后者以体育锻炼为目的,基本不涉及旅游的内容,也不属于体育休闲旅游的范畴。

体育休闲旅游的参加者在旅游过程中一边欣赏大自然,一边参与特定的体育活动,感受运动的魅力,享受运动的乐趣。狭义的体育休闲旅游是指明确参与某项户外运动,包括登山、露营、穿越、攀岩、蹦极、漂流、冲浪、滑翔、攀冰、定向、远足、滑雪、潜水、滑草、高山速降、自行车、越野山地车、热气球、溯流、拓展、飞行滑索等(见表5.1)。此外,以观看体育比赛为主要目的的旅游也属于体育休闲旅游的范畴,如世界杯、奥运会、四大网球公开赛、F1赛车等都吸引广大的体育爱好者前往观看,同时这些体育爱好者也必然在当地进行观光旅游。

表 5.1　体育休闲旅游项目的基本分类

大类	亚类	具体产品	开发限制性
水上运动	潜水	潜泳、水下定向、水下摄影	对水质、风速、地质条件等要求较高
	游泳	游泳、漂流	
	航海	冲浪、滑水、风帆、帆船、游艇、摩托艇	
山地运动	登山	徒步登山、攀爬登山、攀登雪山	对地形、山形、坡度、植被等要求较高
	速降	滑雪、滑梯、滑草、岩降、溪降	
	攀爬	攀岩、攀石、器械攀登	
陆地运动	徒步	散步、跑步、暴走、定向越野	限制性条件较小
	单车	公路车长途、山地越野、小轮车机动、山地速降	对地形、坡度等要求较高
航空运动		跳伞、滑翔伞、动力伞、热气球、滑翔机	对风速、环境等要求较高
野营与猎捕		野营露宿、打猎、采集花草、拓展训练、荒岛生存	对地形、周边环境等有一定的要求
		钓鱼、捕鱼捉蟹、烘烤烹调	
		摄影写生、地质考察、考察古迹、采访奇闻	
娱乐休闲与军体运动	球类	皮球、篮球、排球、足球、羽毛球、网球	属于休闲类户外运动,开发条件较为宽松,限制性条件较小
	骑行	马、骆驼、牛、驴、狗车、爬犁、独轮车	
	射击	气枪、射箭、镖弩、彩弹野战	
	娱乐	打弹子、跳皮筋、甩陀螺、掷杏核、放风筝	

广义范围的体育休闲旅游是指人们在有限的时间内离开常住地,主动或被动地参与体育活动以达到放松、体验、娱乐、康体等目的的行为和过程。按照不同的参与方式,它可以大致地分为两种类

型：参与型体育休闲旅游和观赏型体育休闲旅游。[①] 前者是为参与体育活动而进行的旅游，如滑雪旅游等；后者是为观赏体育活动而进行的旅游，如赛事体育旅游等。根据体育休闲旅游的定义，相应地城市体育休闲旅游是人们为了达到娱乐、康体等目的，在城市内通过参与或观赏体育活动而进行的旅游。

体育休闲旅游综合了体育运动和休闲旅游两个领域的发展特点，因而呈现出一定的特殊性。当代体育休闲旅游较为明显地表现出休闲性与娱乐性的特点。首先，游客在参与体育休闲旅游项目的过程中，其所获得的旅游体验往往更加侧重于参与。不同于传统的观光式旅游模式，体育休闲旅游为游客提供了广泛的参与机会，不单是一些体育项目，还包括了休闲项目，这种参与式的体育休闲旅游能够为游客带来更好的旅游体验。其次，在体育运动项目与旅游业结合的过程中，众多项目逐渐焕发出巨大的活力和适应力，包括一些传统体育项目，实现了与休闲旅游的有机结合。例如，在冰雪运动的基础上，冰雪体育休闲旅游快速发展，除了技术类的滑雪项目外，雪圈、雪橇等娱乐性很强的冰雪项目更具吸引力和娱乐性，更加受到市场的欢迎。以浙江省为例，在由省文化和旅游厅认定的体育休闲旅游精品线路中，集中体现了体育休闲旅游开发的两大特性，以旅游景区和旅游目的地为载体，结合自然生态环境策划特定的旅游主题，将各类适宜的休闲运动项目串联起来，形成多条精品线路（见表5.2）。

三、体育休闲旅游的策划原则

参与体育休闲旅游的市场群体，其主要的需求特点表现为：

---

① 郭安禧，孙雪飞，等. 城市居民参与市内体育休闲旅游影响因素研究——以上海市为例[J].
体育科研，2015(4)：26-31.

表5.2 浙江省体育休闲旅游精品线路^①

名称	所属市	资源优势	线路产品	目标品牌
富阳运动休闲精品线路	杭州市	富春江山水岛礁、龙门古镇	桐洲皮划艇—永安滑翔伞—龙门登山	打造富阳运动休闲旅游金名片
余杭双溪漂流精品线路	杭州市	径山双溪、东天目九龙八瀑	双溪漂流—中南百草园CS—东天目山溯溪、定向越野	打造长三角山水运动休闲新高地
桐庐"三园荟萃"运动休闲精品线路	杭州市	潇洒公园草地、大奇山森林、巴比松花海	潇洒公园高尔夫—大奇山野外拓展—巴比松庄园赏花	打造桐庐运动休闲旅游黄金线路
桐庐水上运动休闲精品线路	杭州市	海博水上中心、浪石金滩、大溪峡激流	海博激情冲浪—浪石浪击金滩—大溪峡激流回旋	打造浙西水上运动休闲旅游品牌
温州江泽大旅游精品线路	温州市	江心屿、泽雅大峡谷、大罗山	江心西园水上世界—泽雅漂流—大罗山	打造热门的大众运动休闲品牌
浙东沿海精品海钓线路	舟山市、宁波市、台州市、温州市	东极岛、白沙岛、大陈岛、南麂列岛、渔山列岛等	东极岛—白沙岛—大陈岛—南麂列岛—渔山列岛"五岛海钓"	打造中国最美海钓休闲胜地
江山运动休闲旅游精品线路	衢州市	浮盖山峡谷激流、山里河国标场	浮盖山峡谷漂流—山里河马术	打造"山水＋赛事"的运动休闲品牌

---

① 根据《浙江省体育局、浙江省文化和旅游厅关于认定浙江省运动休闲旅游示范基地、精品线路和优秀项目(2020—2022)的通知》文件整理。

①随着人们生活水平的提高,人们越来越重视自己的健康情况,普遍认为积极参加户外活动和锻炼身体对保持良好的体魄和健康的心理有好处;②钢筋水泥的楼宇森林、喧嚣繁杂的城市环境、都市生活的紧张节奏让从事脑力劳动的白领感到身心疲惫,到绿色的大自然中去运动无疑是一种非常好的放松和调理方式;③通过运动能够结交很多朋友,并且可以认识各个阶层的人,在运动中更能展现出人的真实精神面貌;④参加具有一定难度的户外运动和体育项目是人生经历的一种丰富和历练,也是对自己耐力和意志力的挑战与考验。基于市场需求的特殊性,体育休闲旅游策划应遵循以下基本原则。

1. 体育运动与旅游活动的共生性原则

无论是对新兴体育旅游资源的初始开发,还是对传统体育运动项目的创新开发,体育休闲旅游都是体育活动和旅游活动的综合体,因此,要以二者的共生开发为基本原则。要在旅游活动中融入更多的体育休闲项目,形成体育休闲的主题体验,同时,积极挖掘各类动态、静态体育运动项目的休闲、娱乐、文化等功能。

2. 环境适宜与资源保护的重要性原则

体育休闲旅游项目的开发大多会与自然山水环境结合起来进行,同时也对地形、植被、气候等有一些特殊要求。因此,旅游策划应当充分考虑到开发的自然环境的适宜性与可行性,旅游开发不应破坏自然环境和历史文化遗迹,不能为了追求经济效益而摒弃保护资源和可持续发展的基本理念。

3. 项目合理与体验安全的协调性原则

体育休闲旅游的绝大多数项目都具有较强的体验性和参与性,尤其是户外运动项目更是具有较高的挑战性和刺激性,因此,在项目设计和实际运营过程中要以保证游客的安全为首要原则,对于活动路线、安全设施、保护器材、导游人员等都要进行精心安排。户外运动项目的开展必须对专业技术人员进行资质认证和系统培训。

4. 产品开发与灵活组合的创新性原则

创新性是体育休闲旅游产品开发中很重要的一环,新的创意不但使原有的资源得到更加充分的利用,还能开发新的体育旅游领域。产品创新不仅要不断引入和发展新鲜多样化的体育休闲运动项目,而且要探索项目灵活组合搭配的方式方法,结合旅游自然和人文环境,增强和丰富游客的运动体验。

四、体育休闲旅游的开发模式

1. 资源主导型模式

即依托富有开发潜力的自然资源和人文资源进行旅游产品的设计、策划,使其具备开展体育运动和休闲旅游的必要条件,并逐渐发展成为具有特定吸引力的体育休闲旅游目的地。资源主导型开发包括两种类型:一是以高山、峡谷、河流、森林、海滨等自然资源为依托,开发与之相适宜的登山、攀岩、滑雪、滑冰、滑草、滑沙、漂流、滑水、冲浪、溯溪、徒步穿越、野营、探险等项目;二是以传统文化和地方民俗为依托,开发武术、龙舟、舞龙、舞狮、风筝、秋千、拔河、跳绳等传统民间体育项目,以及跳竹竿、打花棍、上刀梯、打长鼓、抢花炮等少数民族传统体育项目。

2. 项目移植型模式

即将其他国家或地区的特定体育项目引入进来,进行尝试性、探索性开发,以产品的新奇性吸引游客。目前,在充分开展项目开发可行性和环境适宜性调研的基础上,依托现代高科技手段已经可以实现体育运动项目的远距离、跨地域移植,一般可以分为两种类型:一是受地理、气候开发条件限制项目的移植开发,如以往只能在北方寒冷冬季开展的冰雪运动,现在已经出现在长江以南的很多地区,众多的室内冰场和雪场纷纷涌现;二是有特定国家或地域文化背景项目的移植开发,主要是国外体育运动项目的引入,如冲浪、马术、马球等。

3. 产品深化型模式

即针对发展已经较为成熟的旅游目的地,引入并拓展更多元的休闲运动和娱乐项目,更好地拓展旅游地的受众人群,提高吸引力和市场竞争力,实现旅游地的二次开发和可持续发展。这种开发模式一般可分为两种类型:一是对当前产品体系的升级、深化和提升,如海滨海岛旅游区近年来热衷于开发摩托艇、帆船、帆板、拖曳热气球、浮潜深潜等休闲运动项目,山地森林旅游区则引进了诸如高空秋千、高空栈道、滑草、野外探险等项目;二是着重进行配套服务设施建设,如绿道骑行驿站、山区露营地等,为体育休闲旅游者开展相关活动创造便利,以提升旅游体验,提高服务品质。

4. 外向开发型模式

即开发面向国际旅游市场的外向型体育休闲运动,在线路设计、安全保障、专业服务等方面都依照国际水准进行,并且凭借价格优势吸引国际游客。例如,丝绸之路的驾车游、戈壁沙漠的徒步穿越、东北三省的冰雪运动旅游、海南三亚的热带风光游(潜水、帆板、帆船、海钓、摩托艇等)、环青海湖的自行车旅游等,都具有开发外向型体育休闲旅游的优势。

延伸阅读与思考

阿尔卑斯山的山地养生运动①

(1)高海拔环境

阿尔卑斯山景色十分迷人,贯穿法国、瑞士、德国、意大利、奥地利和斯洛文尼亚等六个国家,是世界著名的高山风景区和山地养生旅游胜地,被世人称为"大自然的宫殿""冰雪运动的圣地""高山疗养的乐园"。

阿尔卑斯山脉是欧洲最高大、最雄伟的山脉,平均海拔达到3000米左右。据研究,海拔1500米以上的高山或高原,气候凉爽,能使人体阳气内敛,耗散较少,生物钟节律变缓;高山地广人稀,环境幽静,能使人情绪稳定,气血和畅;高山空气清新,阳光充足,湿度恰当,独特的景观设计适合疗养度假。高山养生十分适合慢性病患者,特别是患有呼吸系统、神经系统及过敏性疾病的人,因此,在高山地区兴建疗养院已成为许多国家的一种时尚。

(2)地域性项目

阿尔卑斯山的高山养生运动根据独特的环境和地域特征,融合山地运动、瑜伽养生、森林养生和温泉养生,形成一种复合型养生模式,即以高山小镇的高端度假设施为依托,开创运动类、温泉类、疗养类等多种休闲体验型旅游产品,并衍生出高山滑雪、山地自驾、徒步远足、山地越野、马术训练、森林雾浴、高山瑜伽等众多运动休闲

---

① 谢雯,李雪.全球养生旅游模式盘点.巅峰智业之巅峰研究栏目。https://www.davost.com/research/detail/421-5e8f8ff463.html? p=1

类养生项目。

(3)知名旅游地

达沃斯:达沃斯小镇是欧洲著名的疗养胜地,这里以空气清新闻名,是瑞士经典火车路线——冰川快车必经的一站,拥有世界第一条高山雪橇道、第一条高山滑雪索道、第一个高山高尔夫球场,以及欧洲最大的高山滑雪场、欧洲最大的天然冰场,是世界十大滑雪胜地之一。达沃斯小镇还拥有众多头衔,如世界知名的温泉、会议、运动度假胜地,国际冬季运动中心之一,世界锦标赛(花样滑冰、速度滑冰、冰球、滑雪、阿尔卑斯滑雪、跨国滑雪等)举办地,显示出其进行体育休闲旅游开发所具备的国际化水准的高端配套实力。

圣莫里茨:圣莫里茨被誉为"水晶般纯净的小镇",是世界四大著名旅游滑雪胜地之一、世界著名冬季运动中心。这里曾两次举办冬奥会,可开展150多种户外运动和文化活动,包括冰上高尔夫、冰上马球、雪地赛马、赛狗、板球、旋螺和翼伞,以及戏剧节、英国古典车展示和恩噶丁音乐会等。圣莫里茨也是全球著名的王宫贵族度假胜地,拥有瑞士最多的五星级酒店,汇集着众多的名牌商店、酒店和夜间娱乐中心等。

富阳国家运动休闲产业示范区[①]

(1)基本概况

杭州市富阳区在全国范围内首创"运动休闲委员会"组织机制,整合政府、民间两股力量,在运动休闲委员会领导下,基本形成了政

---

① 《杭州市富阳区运动休闲"十三五"发展规划》课题组。

府、民间共建"运动休闲之城"的大格局。全区农林、工业、文化等领域与运动休闲业融合发展取得了实质性进展,"文化＋旅游""体育＋旅游"融合效应持续扩大,业态创新热情高涨,涌现出骑行绿道、精品民宿、户外露营、休闲马场、专业赛事基地、运动基地、文村、雷迪森度假酒店、富春山居高尔夫球场等一批新型业态,其中永安山滑翔伞、桐洲岛皮划艇、新沙岛户外运动已经具备区域影响力。

富阳区体育休闲旅游业的竞争力日渐提升,这里是中国赛艇研发制造基地、中国龙舟器材生产研发基地、飞鹰游艇生产基地、永安山中国滑翔伞训练基地、金都国家网球训练基地、新沙岛户外露营基地、桐洲岛皮划艇训练基地、龙门古镇定向运动场地。先后荣获"中国球拍之乡""浙江十大欢乐健康旅游城市""长三角最佳慢生活旅游名城"等品牌与称号。"桐洲岛皮划艇—永安山滑翔伞—龙门古镇登山、定向深度体验游线"入选浙江省运动休闲旅游精品线路。

(2)发展定位

富阳区以打造国际知名运动休闲目的地为目标,依托"山、江、岛、村、画、镇、城"地方资源,构建文化引领、运动主题、创新驱动的集山水城市、生命之城、品质之城、阳光之城、健康之城等内涵于一体的具有国际品质的"运动休闲品质新区"。

在具体发展过程中,主要是强化产业融合,推进运动休闲产业要素革新,在传统旅游六要素基础上,融入"商、养、学、闲、体、奇"六大新内容,拓展多功能新业态组合,构建极具富阳文化标识的运动休闲经济生态圈,促进全区转型升级。导入"全境运动休闲"理念,加快推进山江联动、城乡互动、乡村崛起、要素集聚,从点、线单一格局向点、带、面、群集聚的全境运动休闲格局转变,营造"全境慢游、身心相随"的体验境界。

思考：1. 以瑞士阿尔卑斯山为例，请分析其体育休闲旅游开发与我国目前的山地旅游景区开发之间存在怎样的差异。

2. 请分析户外运动在体育休闲旅游开发中所扮演的角色和发挥的重要作用。

第六章　医疗旅游策划

本章学习目标：

1. 全面了解与掌握国际医疗旅游发展格局，熟悉主要国家医疗旅游发展特点。

2. 了解医疗旅游策划的关键内容，学习医疗旅游产品开发的基本类型。

3. 了解健检旅游的相关知识，以及当前发展特点。

案例

桐君故里、药祖圣地——桐庐桐君堂[①]

桐君堂药业有限公司位于"中国最美县城"桐庐，这里是桐君故里和药祖圣地。桐君堂 2012 年开放了"桐君中医药文化博物馆"，并被授予"浙江省中医药文化养生旅游示范基地"。北有神农、南有桐君，桐君中医药文化是祖国中医药文化中的瑰宝，脉承于黄帝时

---

① 浙江省旅游局.浙江省养生旅游范例[M].北京:旅游教育出版社,2016.

期的中药鼻祖桐君先生,是中国南方地区影响最广、历史最悠久的传统中医药文化流派之一。桐庐中医药文化同时被列入浙江省第四批非物质文化遗产保护名录。

近年来,桐庐县进一步挖掘中医药文化内涵,不断完善旅游设施,丰富养生旅游产品,突出养生旅游特色,充分发挥示范引领作用,为浙江的中医药文化养生旅游做出贡献,并进一步挖掘保护传承桐君文化的品牌,打造"潇洒桐庐、养生福地"的旅游活动品牌。

首先,依托资源优势,创新药祖品牌。桐君堂借助当地丰富的中药材资源,形成"研发—种植—生产—销售"一体化的产业链模式,全力打造安全、健康、天然的"药祖桐君牌"精品。

其次,打造中药场馆,弘扬中医文化。斥巨资修建桐君中药文化墙长廊、桐君百草园和药祖广场,以及中医药文化博物馆,让游客穿越时空去感受传统文化的博大精深和药祖圣地的养生文化底蕴。

再次,利用节庆活动促进品牌宣传。桐庐县先后举办了"华夏中药节""朝拜中药鼻祖、探游药祖圣地""养生美食大赛""中医药养生旅游文化论坛"等节庆活动和会议活动,将桐庐的中医药养生旅游推向高潮,打造"潇洒桐庐、养生福地"的城市品牌。

随着经济社会的快速发展,人们对生活质量和生命健康的认知逐步提升。对健康的追求是人类早期开展旅游活动的主要动机之一,以健康为动机旅游的形式是今后旅游业发展的重要趋势。近年来,医疗旅游作为医疗业与旅游业相互融合产生的一种新型专项旅游形式,顺应了这种潮流并将成为继观光、休闲度假、体验旅游之后旅游业的又一个新领域。医疗旅游产业是旅游产业的一个新的分支,是旅游产业的高端业态,其发展日益引起政府与人们的关注。近年来,国家相继出台了《关于加快发展医疗旅游产业的实施意见》

《"十三五"旅游业发展规划》《关于开展国家中医药健康旅游示范区（基地、项目）创建工作的通知》等政策，从提出发展医疗旅游产业，促进旅游与医疗融合发展，到设立中医药健康旅游示范区，无一不展现出了医疗旅游产业的发展趋势。随着医疗旅游的发展和人们对其认识的提高，全球医疗旅游业格局逐步形成，并涌现出许多知名的医疗旅游目的地。

一、医疗旅游的概念

在国际上，医疗旅游有几种称法：medical tourism、health tourism、surgical tourism。相对而言，health tourism 的历史更为久远，可以追溯到 14 世纪初温泉疗养地的建立，甚至更早，其范畴也相对比较宽泛，即"任何可以使自己或家人更健康的旅行方式"，如海水浴、温泉浴、按摩、美容等都属于这一内容，而 medical tourism 则是从 health tourism 中演化出来的一个细分市场，在内容上侧重于侵入性手术、医疗诊断等内容，当然也包括减肥、抗衰老等项目。因此，早期医疗旅游研究是从健康旅游研究中派生出来的。

世界旅游组织将医疗旅游定义为：以医疗护理、疾病与健康、康复与修养为主题的旅游服务。主要是指人们由于常住地的医疗服务太过昂贵或者不够完善，到异国或异地接受医疗护理、疾病治疗、康复保健等医疗服务及享受相配套的度假娱乐等旅游服务的过程。康耐尔（Connell）将医疗旅游看作人们前往国外接受有关医药、牙科、外科等医疗服务项目的同时进行休闲度假的一个新的利基市场。[1] 广义的医疗旅游将健康旅游、养生旅游也包含在内，既包括预

---

[1] Connell, J. Medical Tourism: Sea, Sun, Sand and Surgery[J]. Tourism Management, 2006(27): 1093-1100.

防性的健康保健与身心管理，也包括对确定疾病的治疗、康复与休养。

由于目前国内外医疗旅游产业发展水平差异明显，因此，对于医疗旅游的研究也各有侧重，国外研究注重对医疗服务与旅游发展之间的影响及关系的探讨，国内研究则更关注于医疗旅游产品的开发与医疗旅游产业的发展。国际医疗旅游的多元化发展导致了国际医疗旅游业缺乏统一的行业标准及行业约束性差等问题，而我国的医疗旅游产业发展刚刚起步，作为拥有丰富中医药资源的旅游大国，医疗旅游的研究成为新的热点。

现代医疗旅游始于20世纪初，两方面的因素促进了其发展，第一，医疗旅游的迅猛发展得益于现代医疗技术的不断改进；第二，随着人们家庭收入的提高，其医疗消费观念和消费意识发生了很大的变化，人们更加关心自身的健康状况，医疗旅游逐渐成为一种非常时尚的旅游行为。医疗旅游是医疗业与旅游业两大产业结合的结果，因此，兼具医疗与旅游的特性，不仅具有常规的观光旅游、度假休闲等特性，而且具有保健养生、康复疗养等功能。不同群体进行医疗旅游的目的也不尽相同，大体上是满足诸如治疗治愈疾病、美容美体、养生保健或其他特殊的需求。

不同国家和地区用于发展医疗旅游的资源类型差异明显，例如高科技医疗技术、特殊气候与自然环境、特色中医药等，形成了多元化的医疗旅游产品和开发形式。如图6.1所示，医疗旅游涉及的范围最广，主要包括以医治为主的旅游活动和以疗养为主的旅游活动，其中以疗养为主的旅游活动主要包括健康旅游、养生旅游、中医药旅游和森林旅游。健康旅游是指与健康相关的旅游方式，可包含养生旅游、中医药旅游和森林旅游等不同的旅游方式，而养生旅游、中医药旅游和森林旅游虽各有侧重,但是在实际的旅游开发过程中往往会相互交叉,产生功能的叠加。

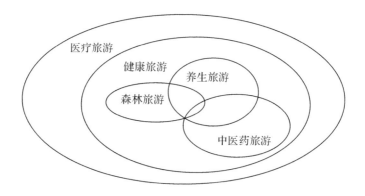

图 6.1 医疗旅游与相关概念之间的关系示意

二、医疗旅游的形成与发展

1. 全球医疗旅游发展历程

纵览全球医疗旅游的发展历史,可以追溯到几千年前。从早期古希腊的病人自地中海周边聚集到埃及医神爱斯累普的圣殿到罗马帝国时期人们前往尼斯温泉城洗浴祛病,再到 18 世纪富有的欧洲人从德国到尼罗河的温泉疗养身体,都可视作早期的医疗旅游行为。

20 世纪中叶,美国等西方发达国家的公民因本国医疗费昂贵,手术排期时间长,从而选择去价格低廉并具有优秀医疗水平的亚洲国家医疗旅行。亚洲国家凭借舒适的医疗和疗养环境成为医疗旅游的新目的地。到了 20 世纪 80 年代,国际医疗旅游产业在哥斯达黎加、巴西等拉美国家得到蓬勃发展,这些国家以价格相对便宜的牙科、整形等服务吸引了众多欧美地区的顾客,当代国际医疗旅游开始兴起。

　　国际医疗旅游的发展历程大致可以分为三个阶段：第一阶段，发达国家拥有先进的医疗技术和水平，因而吸引了医疗落后国家的富裕群体前往就医旅游；第二阶段，随着发展中国家医疗技术水平的提升、医疗手术时效性的提高、对传统医疗技术的挖掘渐深，以及相对低廉的医疗费用，越来越多的发达国家游客前往这些发展中国家就医；第三阶段，发达国家与发展中国家的医疗旅游者之间实现了相互流动。

　　发展医疗旅游，不仅可以推动健康服务业和旅游业的发展，还可以带动其他相关产业的发展，如餐饮、住宿、交通、会展、娱乐、购物、医疗器械制造、医药制造、建筑等，能够有效拉动国家或地区的经济发展。全球医疗旅游产业经过 30 余年的发展，已经遍布 100 多个国家和地区，并产生巨大的经济效益。2000 年左右，世界医疗旅游业的总产值不足百亿美元，而今天，全球医疗旅游市场的总产出达到约 600 亿美元，每年市场消费约为 210 亿美元，年增长率为 20％至 30％。世界卫生组织（WHO）数据显示，到 2020 年，医疗健康相关服务业将成为全球最大产业，观光休闲旅游相关服务则位居第二，两者相结合将占全球 GDP 的 22％。无论从哪个角度来看，医疗旅游都已成长为全球增长最快的一个新兴行业。[①]

　　2. 国际医疗旅游发展格局

　　在全球一体化的今天，各国家和地区的医疗旅游发展不仅表现为旅游者的流动速度日益加快，流动区域快速扩大，而且表现为医疗旅游项目包罗万象，医疗旅游目的地都在因地制宜地开发适合自

---

① http://www.chyxx.com/industry/201811/694793.html.

己的医疗旅游产品,如瑞士的羊胎素、泰国的试管婴儿心脏术及SPA疗养、韩国的整形美容、哥斯达黎加和匈牙利的牙科、印度的瑜伽疗养等(见表6.1)。行业期刊《医疗旅游指数》(*Medical Tourism Index*,*MTI*)在其2016年出版的报告中列出了全球41个最热门的高品质医疗旅游目的地,包括印度、泰国、美国、日本、韩国、英国、德国、新加坡及瑞士等众多国家在内。

表6.1 主要医疗旅游目的地国家的优势项目

国家	著名医疗项目
美国	冻卵、试管婴儿、赴美生子
日本	医美、体检、健康疗养
韩国	整容手术、康养旅游
新加坡	癌症治疗、外科手术
德国	健身美体、高级疗养温泉、露天盐水浴
哥斯达黎加	牙科、整容手术
瑞士	羊胎素美容
以色列	外科手术、体外受精
匈牙利	牙科
泰国	医美整形、变性
印度	心脏手术、肝脏移植、瑜伽理疗
马来西亚	体检、心脏外科、骨科、牙科、试管婴儿
巴西	整容

随着医疗旅游业的蓬勃发展,各国为吸引更多游客前来治病及观光旅游,均建立了医疗旅游专门负责机构。例如,马来西亚为支持医疗旅游业发展,成立了医疗旅游理事会,并在吉隆坡国际机场设立专柜,专业接待前来马来西亚进行医疗旅游的游客。泰国作为

较早发展医疗旅游的国家,专门设立跨境医疗办事处,为外国游客赴泰就医提供前期医疗准备信息和远程问诊服务。

此外,各国为助推本国医疗旅游的发展,均致力于完善医疗旅游基础设施。例如,瑞士作为医疗旅游发展较早的国家,拥有世界高级水疗中心、健康中心及私人诊所。同时,瑞士已经拥有完善的酒店加医疗合作模式,为医疗旅游发展奠定了良好基础。德国先后建设了350座矿泉浴场与疗养基地,并用德语、英语、法语等多种语言宣传推广,吸引大量游客前去疗养旅游。

除了凸显本国特色的医疗旅游产品外,各国政府还纷纷出台推动医疗旅游发展的相关政策和措施。例如,新加坡广泛利用自身优越的商务环境,通过国际学术会议或论坛的机会分享新加坡的医疗旅游特色。印度旅游局牵头成立"国家医学与健康旅游促进委员会",还开通专门宣传印度医疗旅游的网站,并且对医疗旅游签证放宽所需手续。日本也为医疗游客提供宽松的签证法律环境。

3. 中国医疗旅游发展现状

我国的医疗旅游作为新兴行业,大致兴起于2010年前后。目前,我国的医疗旅游仍以客源输出为主,"走出去"的多,"引进来"的少,国内游客主要选择美国、欧洲、日韩等国家和地区接受高档的医疗和体检服务。中国经济社会的稳步发展提升了居民的健康意识及医疗需求,但目前国内医疗资源的空间分布不均使异地就医成为常态,其中跨境医疗尤为火热。有数据显示,中国医疗健康旅游客户90%以上以出境为主,2017年海外医疗旅游者达到60万人次。近年来,跨境医疗旅游产品在旅游电商平台上的销量十分可观,诸如携程网、途牛网等都纷纷设立专门的医疗游、康养游主题频道,推出由具备旅行社资质的众多商家提供的海外体检及医疗养生产品,服务范围涵盖了全球热门的医疗旅游目的地。

随着近年我国对健康产业的高度关注,在人们出境寻求健康医疗体验的同时,国内各地也在加大医疗旅游的发展力度,打造具有国际竞争力的医疗旅游目的地。积极尝试利用我国传统的中医药资源,结合当地适宜人居的优美环境,不断完善医疗和旅游基础设施与服务,以较低的医疗服务价格吸引海外病患,提升国际医疗旅游水平。我国医疗旅游资源丰富,特别在中医药领域具有独特的发展优势,其预防、休养、保健的养生理念符合当代旅游潮流,而且医疗旅游成本低廉、医疗技术水平较高,因此,中医医疗旅游开发有巨大的发展空间。

目前,我国的医疗旅游主要分布在医疗技术和设备先进、医疗保健资源丰富的地区,如北京、上海、广州、海南等地。截至 2018 年 4 月,我国共设立了 4 家"国际医疗旅游先行区",分别位于海南博鳌、江苏常州、江西上饶和山东青岛。同时,截至 2018 年 3 月,确定了 15 个国家中医药健康旅游示范区和 72 个示范基地,并在"一带一路"沿线的国家和地区积极推广中医保健旅游,合作共建了 30 余个中医药海外中心。[①] 但是,我国的医疗旅游发展仍处于起步阶段,资源分布零散、产品开发薄弱、发展定位不明,缺乏优质、完善、全程的医疗旅游服务及支撑系统。同时,受到国内医疗体制的制约,医疗旅游开发的特色难以凸显,尚不具备明显的国际竞争优势。

三、医疗旅游的影响因素

1. 医疗旅游客流的形成原因

医疗旅游通过医疗机构与旅游服务行业的合作,根据旅游者的

---

① 赵影.中国发展国际医疗旅游的机遇和挑战分析[J].对外经贸实务.2019(08):80-83.

身体情况及病情进行科学的分析和安排,不仅使旅游者能够获得专业性的医疗服务,而且能够同时实现康复、疗养、观光、度假等目的,使身心得到彻底放松。医疗旅游客流主要是在国家之间流动,并且会受到医疗费用、治疗时效、医疗保险、医疗服务、旅游收益,以及货币兑换率、世界经济一体化、互联网通信技术等众多因素的作用和影响(见表 6.2)。

表 6.2　医疗旅游客流形成的影响因素分析①

影响因素	客流流出地	客流流入地
医疗费用	在劳动力价格、管理费用、医疗事故保险等因素作用下,价格昂贵	价格低廉,例如在印度进行部分心脏手术费用仅是美国国内的1/5 或 1/10
治疗时效	在医疗保险体制等因素制约下,部分患者需要长期等待	专业机构及人员会帮助设计医疗程序,即行手术,无须等待
医疗质量与服务	公立和私立医院差异很大,医疗效果甚至低于发展中国家的部分医院	集中了国内顶级资源,部分医院获得 JCI、ISO 国际认证
医疗保险覆盖与项目承保	部分民众无医疗保险,部分保险不承保牙齿、眼睛等部位病症	部分医疗旅游机构与保险机构联手推出特种医疗旅游保险,保障医疗旅游者的权益
旅游等额外收益	在本地进行治疗,无旅游等额外收益	部分医疗旅游地即旅游胜地,部分医疗旅游项目具有浓郁的民族特色,可同时获得观光购物等旅游收益
特殊需求满足	禁止使用部分医疗技术和医疗手段	部分医疗技术及手段具有合法性

①　高静,刘春济.国际医疗旅游产业发展及其对我国的启示[J].旅游原刊,2010(7):88-94.

续表

其他原因	发达国家老龄化趋势日益凸显,老年群体的医疗需求增长很快 国际航空旅行费用普遍下降 企业和保险机构不堪保费与医疗费用上涨,合作推行医疗服务外包 专业的医疗旅游公司不断涌现,服务专业化程度较高

2. 医疗旅游发展的争议与障碍

在全球范围内医疗旅游客流快速流动、产业蓬勃发展的同时,医疗旅游发展也同样出现了很多的问题和争议,可以简单归纳为四个方面。

第一,医疗旅游对客源国产生的负面影响。医疗旅游市场的拓展对部分客源国的医疗体系造成冲击,特别是随着出游规模的扩大而导致的医疗机构的客源流失。一般而言,客源流失对医疗供给不足的国家影响并不大,但是对美国等医疗供给相对充足的国家来说,在分摊医疗成本的压力下,当地医疗产品的单位价格有进一步提高的可能性。此外,由于游客在目的地停留时间短暂,因此,在接受相应医疗技术手段后返回国内,一些术后并发症、副作用、康复等责任就必须由客源国来承担,并且,在国外停留医治的医疗旅游者也会对客源国的传染病控制和公共卫生健康产生潜在影响。

第二,医疗旅游对目的地国产生的负面影响。医疗旅游对目的地国的负面影响主要集中在医疗资源分配失衡会导致当地居民利益受损,具体表现为在出口导向下,更多的投资流向了医疗旅游领域,致使本国境内的公共医疗投资不足,大批优质医护人员纷纷从公共医疗机构流向了收入更高的私立医疗机构,国内弱势群体的就医利益必然受损。此外,受高额经济利益的驱动,外来游客得到了及时医治,但大量本国居民需要排队等候就医。

第三,医疗旅游项目的合法性、科学性及所涉及的伦理问题。部分较为特殊的医疗旅游项目,如干细胞疗法、髓骨修整术、活体器官移植、安乐死等,仅在部分国家被认定为合法,但是其科学性及伦理性备受争议。同时,在医疗旅游目的地存在的药品专利仿制问题也是人们广泛争议的话题。

第四,医疗旅游者的权益保障与维护问题。发展中国家有关医疗事故方面的法律较为薄弱,一旦游客利益受损将很难在当地维权,而医疗机构缴纳的医疗事故保险也往往非常有限,很难充分保障外来医疗旅游者的权益。

总之,医疗旅游实现了医疗业与旅游业之间的有效跨界融合,可以产生新的经济增长点,对于目的地经济增长和就业率提高都会产生巨大的促进作用,但是因此带来的社会效应也具有两面性。一旦为了追求暂时的经济效益而损害了当地居民原有的利益,人们就会对医疗旅游发展的合理性产生质疑与争议。因此,医疗旅游产业的可持续发展需要从长远角度着手,综合考虑客源地、目的地的各种因素,协调双方存在的各种利害关系,最终实现互惠互利。

四、医疗旅游产品策划

1. 策划原则

医疗旅游产品的策划与开发需要满足较为明确的条件,即基于知名的医疗手段和技术,同时匹配良好的周边环境与高品质的综合服务,具体可以分解为五个方面的策划原则。

（1）生态性原则

有益于旅游者身心健康的旅游资源都可以成为医疗旅游的载

体,医疗旅游的发展也离不开这些旅游资源的支撑。即选址在生态环境优美的区域,如绿植密布,生机盎然的湖畔、海岸、温泉区等。

（2）便捷性原则

与主要城市之间有便捷的交通往来设施,能够实现人员、物资、技术等方面的及时对接,并与主要的医疗中心之间有应急反应机制。

（3）专业性原则

医疗旅游的开发需要专业的医学知识、先进的医疗设施与优质的医务人员为依托,医疗旅游的组织与管理需要有医学技术及相关法律法规的支持,专业度会直接影响医疗旅游目的地旅游业的可持续发展。

（4）综合性原则

除医疗康复外,医疗旅游目的地所处的城市与生活环境中还应提供餐饮、运动休闲、娱乐等多种其他服务,在一定程度上可实现功能的综合化。

（5）高端性原则

目前医疗旅游属于较为高端的旅游形式,因此,需要为患者提供全方位、高品质的星级服务,如一对一贴身健康服务、五星级居住服务等。

2. 产品类型

（1）"治"类产品

主要可分为重疾治疗型和轻医疗型两类。重疾治疗即生命危险系数高并且医疗资源较为稀缺的项目,如器官移植手术等。轻医疗型产品主要指生命危险系数小的项目,如整牙、整容、美容、生殖疾病治疗等。目前我国的跨境医疗旅游主要以轻医疗产品为主,此类产品在与旅游度假的融合和衔接方面较为方便，是海外医疗机构的开发重点。

以"治"为主的医疗旅游，旅游活动并不一定是其出行的最初目的，多表现为病愈后的即兴活动。以整形美容医疗产品为例，一般可分为塑身美体类产品和整形外科类产品，主要市场定位为女性和有整形需求的特殊人群。目前，韩国、马来西亚、泰国、新加坡等国家都在努力打造"医美之城"，韩国更是被称为"医美王国"。

（2）"疗"类产品

主要是依托地热资源、水疗资源、日光浴资源、海水资源、沙滩资源、中医药资源及风景优美的旅游资源等，开发以康复理疗、养生保健为主的产品，如美容、森林疗养、药物养生、温泉疗养等。此类产品可以满足不同类型医疗旅游者的需求，覆盖人群广泛，备受消费者的青睐，在国际医疗旅游行业发展中扮演着重要的角色。

（3）"科普"类产品

主要包括药材认识与品尝、药材购买、药材交易市场观光与采购、医药文化寻根、特色治疗方式与技艺的观赏体验等。例如我国的中医药旅游，包含了中药材、针灸、火罐、刮痧、太极等，越来越受到国际市场的欢迎，中药材贸易也正在以每年 10% 以上的速度递增。

以科普和教育体验为主要目的的中医药旅游产品，可以通过中医药博物馆、中药材博物园、中医药生活体验馆等具体项目，让游客亲身体验中药种植、采摘、加工及熬制等过程，现场学习中药辨识、功效等，普及中国中医文化，提高游客对中药资源和中药文化的基本认知。

【阅读资料】

中医药医疗旅游产品①

（1）针灸瘦身之旅

针灸瘦身已经成为我国特有的、较为系统的中医治疗技术，将针灸技术与旅游活动相结合，不仅可以在没有副作用的情况下达到瘦身效果，而且能够调养身体，使身心获得轻盈的感觉，受到众多国内外旅游者特别是女性旅游者的欢迎。因此，可以针对大众瘦身旅游市场，特别是女性旅游市场，开发针灸瘦身旅游产品。

（2）太极修身养性之旅

太极是我国特有的传统养生文化，主要通过调理气息来改善人体微循环系统，太极练习能够辅助治疗各种疾病，改善消化与新陈代谢，从而达到健身、健美的功效。针对老年旅游市场，将太极学习体验与旅游环境相融合，开发太极修身养性之旅，寄情于景，有利于游客感受大地之气，领悟自然之美，享受人生之乐。

（3）推拿按摩体验之旅

根据游客的实际情况，采用不同的推拿手法和按摩技术，不仅能够缓解生理性疲劳和损伤，改善血液和循环系统，而且对于骨关节损伤、腰椎间盘突出、麻痹后遗症等疾病能够发挥辅助性治疗功效。因此，针对中青年旅游市

---

① 根据网络资料整理。

场,特别是白领阶层的游客,开发推拿按摩体验旅游产品,非常符合这一群体的身体健康需求。

(4)"健检"类产品

作为医疗旅游的一个重要分支,健检旅游属于疾病治疗类和养生保健类医疗旅游的综合性产品,它的开发与旅游环境的结合度更为紧密,其旅游功能的发挥也更为明显。健检类医疗旅游产品的开发可以与多种旅游方式相融合,从而满足不同旅游者的医疗保健需求(见表 6.3)。

第一,健检与休闲度假旅游相结合。旅游度假区或度假村与专业健检中心合作,开设相关体检及健康管理类项目,是丰富度假产品类型、提升旅游体验等级的一项重要措施。

第二,健检与商务会议旅游相结合。会议旅游策划机构通过与健检机构、酒店的良好合作,为出差和参加会议的商务人士提供便利的体检服务,会成为一种十分受欢迎的商旅时尚。

第三,健检与奖励旅游相结合。企业安排员工前往能够提供身体健康检查的度假村或酒店进行休假或举办年会,将员工体检作为奖励旅游的一个项目和企业的福利政策,也是时尚趋势之一。

第四,健检与老年旅游相结合。老年人很关注自己的身体健康,定期体检对于老年人来说十分重要,因此,将旅游与体检结合起来很受老年旅游群体的欢迎。

表 6.3 健检医疗旅游产品的拓展领域及目标客户群

拓展领域	具体内容	目标客户群
健检与休闲度假旅游结合	度假区/村和健检中心合作开设体检和健康管理项目	新婚度假游客、蜜月旅游;编剧,导演,明星及平时工作劳动强度大的中高层管理者的度假休闲人群,主要是消费相对较高的群体
健检与商务会议旅游结合	在商务活动和会议之余提供便利的体检服务	商务人士
健检与奖励旅游结合	前往能够提供身体健康检查的度假村或酒店进行休假或举办年会	公司员工
健检与老年旅游结合	旅途中安排全身体检或是健康咨询	老年人

延伸阅读与思考

全球范围内的热门医疗旅游目的地国家①

(1)美国

最受关注的健康医疗旅游目的地之一,也是高端市场的第一选择,拥有高度发达的医疗产业、全球最先进的医疗设备和诊疗技术,以及最好的医疗教育和医学院。同时,美国政府鼓励私人医院开展

———————

① 根据网络资料整理。

医疗旅游,并采取市场化的政策。

(2)巴西

全球第二大整容市场。整体医疗水平名列前茅,医院数量仅次于美国,拥有高质量的服务和低廉的就医价格。多数医院得到了美国医院评审联合委员会的认证。以圣保罗为例,拥有全球最好的医院、高端的医疗器材,以及医术精湛、经验丰富的医生。

(3)泰国

享有"第三世界的价格,第一世界的享受"的美誉,拥有专业的医疗团队、国际化的管理与培训机制,以及国际(JCI)认证的执业医师。试管婴儿、整形美容及变性手术是其主要特色。同时,泰国政府还力推泰国成为"亚洲健康旅游中心"。

(4)印度

以良好的医疗条件、优质的医疗服务和低廉的医疗价格参与国际竞争,拥有良好的医生团队和高尖端的医疗技术,并且能够提供英文服务。有"世界药房"的美誉,利用仿制药的差价优势吸引了全球的医疗旅游者。政府也大力支持仿制药品产业,具有巨大的全球产业竞争力。

(5)德国

拥有世界一流的体检及微创手术系统,全新的疗养理念使得境内350多座矿泉浴场与疗养胜地完成了从传统疗养机构向现代化健康中心的升级,并在眼科、糖尿病、心血管疾病、运动损伤等方面占据优势。同时,提供专门的医疗签证,在签证申请、翻译服务等方面提供便利,有着极为成熟的医疗旅游接待流程。

(6)以色列

凭借奢华的住宿条件,地中海岸美丽、宁静和独特的氛围及众多名胜古迹,成为全球医疗旅游保健领域内最吸引人的国家之一。在医疗保健、服务和疗养体验等方面的全球排名指数较高。其中死海的康复医疗十分有名。

(7)新加坡

被世界卫生组织列为"亚洲拥有最佳医疗系统的国家"。凭借强大的语言优势、精密的医疗服务、先进的医疗技术积极发展医疗旅游,并配套丰富的温泉资源和优美的海滨风光及都市风情和娱乐购物等。

(8)韩国

以整形美容、医美抗衰为特色,不仅有医美产业支援中心,而且手术的性价比高、服务质量好。同时拥有优质的体检和医疗环境,包括全科体检、营养、过敏、内科等,在价格和休闲购物方面具有优势。

海南博鳌乐城——我国首个国际医疗旅游先行区[①]

海南博鳌乐城国际医疗旅游先行区(以下简称"先行区")是国务院批准设立的唯一一家医疗旅游试验区。自2013年至今,一座现代化的医疗旅游城已初具规模。现在走进先行区,感觉走进的不是一家家医院,而是走进了一个风景如画的景区和一座座舒适的酒店。近年来,海南省委、省政府积极落实"健康中国战略",在夯实基本医疗和公共卫生服务的基础上,将医疗健康产业作为十二个重点发展产业之一来抓。目前,全省四大医疗健康产业集群已初现端

① https://baijiahao.baidu.com/s?id=1597769525675808554&wfr=spider&for=pc。

倪,先行区作为产业龙头,在医疗领域供给侧结构性改革上做了许多有益探索。

作为我国第一家以国际医疗旅游服务、低碳生态社区和国际组织聚集地为主要内容的国家级开发园区,先行区诞生之初就成为一块独特的医疗旅游"试验田"。根据规划,先行区将重点发展医疗、医美抗衰、健康体检、科研等国际医疗旅游相关产业,形成"三地、六中心",即国际医疗旅游目的地、尖端医学技术研发和转化基地、国家级新的医疗机构集聚地,特色明显技术先进的临床医学中心、中医特色医疗康复中心、国际标准的健康体检中心、国际著名医疗机构在中国的展示窗口和后续治疗中心、国际医学交流中心、国家罕见病临床医学中心。

2018年3月31日,位于先行区内的博鳌超级医院正式开业,入驻的每个团队都堪称最强"国家队",都是在各自领域中国内排名前三的学科,由临床医学领域中国工程院院士及顶尖医学学科带头人领衔,通过整合国内优质医疗资源,组建团队以各专科临床中心的形式进驻。中国工程院院士、博鳌超级医院院长李兰娟介绍,这里主要采取了"1+X"家专科临床医学中心集群,即由"一个共享医院(平台)+若干个临床医学中心"组成。病人与共享医院(平台)、共享医院(平台)与临床医学中心相互依托、相互购买服务。共享医院(平台)由政府医疗投资平台参与,采取混合所有制形式运行。

思考:1. 请思考医疗旅游在我国推行与发展的前景与制约性因素有哪些?

2. 医疗旅游的发展以"医"为重,抑或以"游"为重,在实际开发过程中应该如何权衡并落到具体项目上?

第七章　康养旅游产业发展

本章学习目标：

1. 重点掌握康养旅游产业的动力机制、融合路径和开发模式。

2. 从现代旅游业发展的最新视角分析康养旅游产业的融合发展方式。

3. 分别探讨不同产业开发模式的空间适应性和各自的发展特点与趋势。

案例

浙江丽水大力发展生态休闲养生旅游业[①]

曾经当浙江的其他地区在改革的大潮中迅猛发展，创造巨量物质财富的时候，作为浙江生态屏障的丽水因区位限制守着青山绿水却过着穷日子。如今斗转星移，当发达地区坐拥财富而远离蓝天白云清新的空气时，丽水却因她的自然生态资源吸引了源源不断地愿

[①] http://zjnews.zjol.com.cn/system/2013/09/26/019616243.shtml; http://www.chinanews.com/df/2013/09-29/5336544.shtml.

为"空气"买单的游客。

丽水是有名的中国生态环境第一市,自然风光秀美,可谓山好水好空气好。丽水的生态体现在方方面面:水,有丰富的高山活水,符合国家一类、二类、三类饮用水标准,还是瓯江、钱塘江、飞云江、椒江、闽江、赛江这六大水系的"六江之源";空气,丽水一直享有"华东天然氧吧""浙江绿谷"的美誉。

基于"生态休闲养生是丽水最大的优势"这样的共识,丽水提出了"发展休闲养生经济,把丽水建设成全国最大的休闲养生福地"的战略目标,开启了一条在全省乃至全国都具有鲜明特色的经济社会转型之路。这一战略选择无疑让丽水旅游业发展路径也豁然开朗。丽水旅游要想在浙江全省发展成为特色引领和生态标杆,唯有加快发展休闲养生旅游。

近年来,丽水提出,要充分发挥生态休闲养生旅游资源优势,以市场为导向,突出"生态""休闲""养生""度假"四大主题,大力推进高等级景区和省级旅游度假区建设,努力打造具有区域影响力和全国知名度的品牌景区,树立"秀山丽水、养生福地、长寿之乡"品牌。同时,将文化体验、生态养生、运动休闲、避暑度假作为旅游业发展重点。

产业融合是一种为了适应产业增长而发生的产业边界的收缩或消失的经济现象。20世纪70年代信息产业最先呈现出融合化发展的趋势以来,产业融合逐渐在农业、文化、旅游、体育等产业中呈现深入发展的趋势,日益成为全球经济发展的潮流。其中,随着我国旅游产业的高速发展,旅游产业的融合日益成为焦点,其融合范围逐步扩大,融合发展方式逐步多元,融合程度逐步加深,形成了诸如农业旅游产业、文化旅游产业、体育旅游产业、会展旅游产业等各类新型融合型产业。与此同时,随着全球人口老龄化的加剧及现代生态环境的恶化、生活压力的增大,人们在养生方面的关注度与支出越来越高,健康产业因此蓬勃发展。正是在此背景下,健康产业与旅游产业逐步交叉、融合,催生了一种新的业态形式——康养旅游产业,并迅速发展。

一、康养旅游产业发展的动力

康养旅游产业,简而言之,就是与健康养生旅游活动密切相关的所有产业的总和。从产业链理论视角看,康养旅游产业作为健康养生产业与旅游产业的融合体,其本质就是养生企业与旅游企业各自向其前后产业实现纵向关联,亦即两大产业在各自产业链上的重组,这种特性的重组表现在两个产业价值活动的增值。因此,康养旅游产业是一种需求型、扩展型、延伸型的新型融合产业。康养旅游产业是健康产业和旅游产业在相互交叉、渗透的过程中逐渐形成的一种新的产业形态,实质是两大产业在融合发展过程中的产业创新,而造成这种产业创新的驱动力是多方面的。[①]

1. 市场需求的变化

市场需求的变化是康养旅游产业发展的根本原因。一方面,经济社会的快速发展使人们对旅游产品的需求日益多样化,旅游市场逐渐由"大众型"向"定制型"转变。市场的扩大迫使旅游企业不断创新,旅游产业逐渐向更深层次的融合型产业方向转化和发展。另一方面,随着全球人口老龄化和"亚健康"的加剧及生态环境的恶化,尤其是城市水污染、空气污染的加剧,休闲养生活动满足了人们

---

① 覃方铭,叶文,等.产业融合视角下的养生旅游产业发展研究[J].广西经济管理干部学院学报,2016(1):63-68.

健康长寿的愿望,因而,养生旅游日益受到追捧,成为具有较强旅游吸引力和开发可行性的旅游资源。在旅游市场和养生市场的双重需求推动下,康养旅游产业的产生和发展成为可能。

2. 企业利益的驱动

面对市场需求的改变,养生企业与旅游企业为了实现利益最大化,逐渐开始利用各种资源,开发出多种新型产品,并逐步实现新型产品和业务的组合销售及经营。两大产业在合作过程中,不仅降低了各自的生产成本,也提高了生产效率,使企业形成强大的市场竞争力。两大产业逐渐形成相互渗透、相互融合的紧密合作互动关系,康养旅游产业粗具雏形。所以,养生企业和旅游企业为了追求企业利益最大化和实现长期市场竞争力而形成紧密的合作关系,是推动康养旅游产业发展的主导动因。

3. 政府规制的放松

随着健康养生产业与旅游产业融合的深入,为了适应产业发展的需求,政府对与其相关的产业政策和规制不断进行改革、调整和放松,与这两大产业相关的价格、服务、投资等方面的规制限制逐渐被取消,从而在一定程度上降低了彼此之间的进入壁垒,使二者在政策层面上的融合成为可能。而随着旅游业被纳入国家战略体系,为促进旅游业及相关产业的快速发展,国家和各地方政府也陆续出台了一系列政策法规,从落实带薪休假制度、加快基础设施建设、多方资金支持等方面,全力推动旅游产业发展,这些都为康养旅游产业的发展提供了良好的政策条件。

4. 产业技术的创新

旅游业作为一种无界产业,几乎没有进入壁垒,而随着社会经济的飞速发展和科学技术的日新月异,技术创新在旅游产业和养生产业发展过程中也层出不穷,这种创新主要集中为发展观念、经营模式、服务方式等方面,体现在对两大产业规划设计、市场营销、产品服务等方面,一些传统的健康养生项目在旅游产业发展的刺激下焕发出新的生机,而原来以观光、游览为主的旅游活动通过与养生活动结合提供深度体验,也获得新的发展机遇。产业技术的创新,不仅奠定了康养旅游产业产生所需的交换系统的基础,也极大地促进了它的发展进程。

二、康养旅游产业的融合路径

在以上动力机制的作用下,健康养生产业和旅游产业通过资源优化配置,逐步实现产业再造重组,最终催生出康养旅游产业这一新的业态形式。二者最初是各自独立的,提供的产品或服务各不相同,服务的对象也有本质差异,存在比较清晰的产业边界,基本不具备可替代性和互补性。但随着市场需求的变化、企业利益的驱动、经济规制的放松和产业技术的创新,森林、山地、温泉等旅游资源在开发过程中愈加注重健康养生功效的发挥,而中医药、传统文化、传统体育运动等资源也展现出较好的旅游开发效应和价值,通过资源整合、技术创新、营销策划,健康养生产业和旅游产业在资源、技术、功能、业务、空间、市场等多个层面上实现了融合发展,康养旅游产业应运而生。

通过对资源的整合改造,兼具健康养生和旅游特性的旅游产品及相关业态开始出现,从而使得健康养生产业和旅游产业在空间层面实现交叉与渗透,使游客获得身心健康的功能共性也得到日益凸显和深化,由此实现了在业态、空间、功能方面的融合。在当前健康养生旅游需求的大力推动下,越来越多的旅游企业拓展了相关的产品业态。例如,国际著名的酒店集团洲际酒店开发了以康养为核心产品的逸衡酒店系列(EVEN Hotels),凯悦集团则收购了健康度假村品牌 Miraval Group;浙江本土的浙江旅游集团、浙江开元旅业等近年也重点拓展了数十家康养旅游基地,并形成主题旅游品牌。

与此同时,传统的健康养生企业也纷纷涉足旅游业,积极挖掘养生资源的旅游价值,提高产品的经济附加值,实现了经济效益的大幅提升。例如,浙江杭州桐君堂医药有限公司基于中医药文化,开发了一系列的养生旅游产品,桐君堂医药馆成为浙江省中医药文化养生示范基地。当前,健康养生产业与旅游产业在目标客群、市场运作、营销策划、品牌培育、资本运营等方面的融合度日益加强,各环节和系统相互衔接、强化互动,最终形成了康养旅游产业这一新型融合型产业。

康养旅游产业的动态融合将养生资源与旅游活动进行整合开发,构建兼具健康养生与旅游休闲功能的康养旅游产品体系,实现旅游服务与养生功效的有机结合,其中,旅游活动是外在的表现形式,而健康体验和养生文化则是内在吸引要素。在产业融合过程中,主要表现出三个方面的明显转变:一是在资源方面,单一功能的养生资源转变为具有复合功能的可开发旅游资源;二是在载体方面,单一形式的旅游景点转变为融健康、养生、休闲等为一体的综合性旅游目的地;三是在业态方面,单一表现的旅游活动转变为全方位深度体验的复合型旅游平台(见图 7.1)。

三、康养旅游产业的发展模式

旅游产业的融合发展是旅游产业主动适应市场环境的表现,不断拓展旅游资源的开发范围,提高资源的利用效率和旅游产品的创

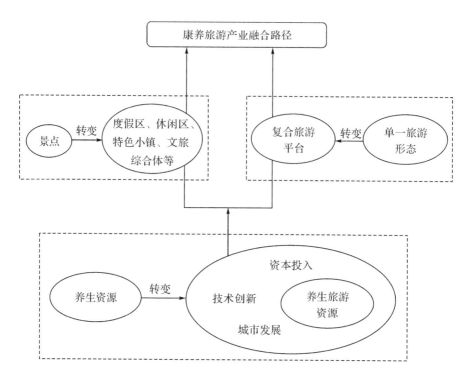

图 7.1 康养旅游产业融合路径示意

新能力,提供各类融合型旅游新产品以满足人们多样化、个性化的旅游休闲需求。康养旅游产业是各类休闲养生资源参与旅游开发,并借力于创意思维、创新技术,实施跨产业融合,不断拓展旅游产业发展空间,推动旅游产业转型升级的典型。康养旅游产业在发展过程中,涉及众多产业类型和行业门类,根据核心资源禀赋、价值特点、互动方式、融合程度、实施主体等的差异性,主要的发展模式包括以下四种。

1. 一体化发展模式

康养旅游产业的一体化发展是指在原有旅游产业发展的基础上,通过建设康养旅游景区或旅游目的地,将产品开发、项目经营、服务管理、市场营销等一体化运作，实现资源、功能、技术、业务、市场等要素的汇聚。生态型康养旅游产业的发展就属于这种模式，基于生态环境的资源基础，通过满足游客吃、住、行、游、购、娱需求的系统性、整体性开发，游客获得身体的健康和心灵的愉悦。例如，浙江安吉在"两山"理念的指导下，将森林生态旅游和森林生态养生有机结合在一起，充分利用城市周边的森林康养基础设施，整合沿线产业资源，建设重点功能区，推进配套服务建设，逐步实现以森林康养为主要特色的康养旅游产业一体化发展。

2. 渗透发展模式

康养旅游产业的渗透发展模式是指休闲养生产业与旅游产业之间相互融合、彼此渗透，从而形成新的产业形态。在两个或多个产业相互渗透的过程中，依据原有产业的主体地位、发展阶段、开发目标等要素，会形成不同程度的彼此渗透和相互影响状态。健康养老旅游开发就是基于养老产业、健康产业与旅游产业之间的渗透融合发展而来的，表现形式十分多样化。一方面，传统养老产业渗透到旅游产业中，在旅游开发中更加关注老年人的旅游需求，例如，酒店增设老年客房，旅行社开辟老年旅游线路，景区提供更贴心的无障碍服务等；另一方面，旅游产业向养老产业渗透，赋予养老地产更多的旅游、度假、康养功能，形成养老产业全新的发展态势，例如，浙江乌镇雅园在提供高端养老服务的同时，本身也建设成为一处生态优美、功能完善的旅游度假区。

3. 功能叠加模式

康养旅游产业的功能叠加模式是指既有各自的产业体系，同时也具有功能共性的产业之间，通过融合发展实现功能的叠加和延伸，以获得更强的市场竞争力和产业效能。体育休闲型康养就属于这一发展模式,在早期的旅游活动中,运动体验主要是登山、漂流等传统项目,随着体育休闲运动种类的不断丰富,很多旅游景区和旅游目的地都引入了新奇刺激的运动体验项目,成为旅游市场上的"网红",利用特色创新开发赢得了市场认可,获得了较好的经济效益。例如,浙江云上草原旅游景区建在群山之巅,既有一望无际的高山风光,又有低谷盆地草原的天然广阔,景色十分壮美。同时,景区以游乐运动项目为主要特色,包括无动力滑草、悬崖秋千、玻璃栈道、云中漫步、水晶廊桥、飞拉达·悬崖穿越等,深受城市年轻人群体的喜爱和追捧。

4. 整合重组模式

康养旅游产业的整合重组模式是指相对独立的不同产业体系之间,基于社会变化和市场需求,逐渐寻找到连接融合的契机,并通过产品开发和商业模式的重组,形成一种新的产业形态。医疗旅游就属于这一发展模式。医疗产业和旅游产业原本是完全不同的产业体系,但是随着人们健康养生需求的日益明确化、具体化,以及特定旅游资源在辅助医疗行为方面的功能得到挖掘,医疗旅游这一全新的业态得以快速发展。在重组和产业功能整合的过程中,医疗和旅游逐步探索形成了在产品、推广、运营、管理等方面的自成体系的内容。

四、康养旅游产业的发展类型

康养旅游产业在具体实践中,主要是依托不同空间尺度的旅游目的地载体,将健康养生旅游作为区域旅游发展的主题和重点,以此带动全产业要素的集聚和旅游产业规模的增长,以龙头企业或典型地区为引领,推动全域范围内康养旅游产业的大发展。在发展类型上,主要可以划分为三种:小尺度的健康小镇和养生村、中尺度的康养度假基地、大尺度的康养旅游目的地或产业集聚区,三种类型在发展特色和发展路径等方面各有侧重(见表7.1)。

表 7.1　康养旅游产业不同发展类型的对比分析

类 型	空间载体	主要特色	发展路径
健康小镇/养生村	以美丽乡村、特色小镇为载体	以良好的生态小环境为主要特色,或具有特定的传统养生文化资源	基于"美丽乡村"和"特色小镇"建设,赋予特定的健康养生主题,配套相适宜的旅游产品,实现整体特色化开发
康养度假基地	以度假酒店、度假村、旅游景区、养老社区为载体	以休闲度假、生态养生、康复疗养、教育培训、健康养老等康养旅游产品与服务为特色	依托自然与人文生态环境、养生及医疗保健特色资源开发建设,以康养旅游服务为主要特色
康养旅游目的地/产业集聚区	以城镇、大型景区为载体	综合各类康养旅游产品,有较为完善的产业体系	通过旅游业与休闲养生产业之间的融合发展,促进全域性康养旅游发展

1. 健康小镇/养生村

　　作为小尺度康养旅游产业发展类型的代表,主题型健康小镇和养生旅游村以美丽乡村、特色小镇为载体,以良好的生态小环境或特定的传统养生文化资源为主要特色,基于当前"美丽乡村"和"特色小镇"的建设热潮,凸显村镇的康养主题,并配套相适宜的旅游产品,实现整体特色化开发。浙江建德戴家村位于建德莲花镇,与淳安县千岛湖镇、富文乡毗邻,位于千岛湖和新安江旅游黄金线路之上,素有"新安江的后花园,千岛湖的前客厅"之美称。戴家村以徽派建筑为主,现已开发民宿 13 家,床位 100 余张,配套建设的农家乐以健康养生农家菜为特色,依托铁皮石斛种植优势,开发了"石斛炖鸡""石斛馒头"等养生菜品,挖掘了玉米饼、米粉皮、千层糕等农家健康小吃。[①]

戴家村以乡村田园康养为主题,通过实施组合式旅游产品开发战略,开发了茶文化、山林文化、农耕文化、花艺文化、江湖文化等多个系列的康养旅游主题产品(见表7.2),以养生民宿、健康餐饮和养生体验为特色(见表7.3),实现了康养旅游产业的融合与集聚。

表 7.2　浙江建德戴家村康养旅游主题产品

产品主题	产品内容
茶文化主题	住宿:"有朋远方来"主题民宿 餐饮:茶宴 体验:采茶、制茶、品茶、茶类食品制作
山林文化主题	住宿:"返璞归真"主题民宿 体验:山林公园、手工编织、竹酒 餐饮:农家菜
农耕文化主题	住宿:"耕读轩"主题民宿 体验:农耕体验、篝火晚会、酿酒 餐饮:农家菜
花艺文化主题	住宿:"镜花缘"主题民宿 体验:花艺坊、精油馆芳香疗法 餐饮:花食
江湖文化主题	住宿:"如鱼得水"主题民宿 体验:水库钓鱼、门前捉鱼、新安江玉温泉 餐饮:湖宴

---

①　刘巧玲,黄玮.浅析戴家村旅游产品开发策略[J].全国流通经济,2019(02):96-98.

表7.3 浙江建德戴家村康养旅游产品体系

产品大类	产品特色	举例说明
住宿	养生文化主题民宿	茶文化主题民宿的客房内可以喷洒茶香味香氛，用茶枕头、茶砖、藏茶等填充房间；山林文化主题民宿可以用藤条、木条、竹条等装饰客房；花文化主题民宿的客房可以利用鲜花、干花、贴花等装饰房间
餐饮	健康养生农家菜、特色餐饮	颇具当地特色的茶宴菜品有清蒸茶鲫鱼、茶香鸡、茶香刀鱼、红茶酥、茶糕、绿茶佛饼等；花食菜品包括：杂粮棠梨花、石斛花煲排骨、牡丹花里脊丝、桂花糯米藕、茉莉花薄荷糯米粥、芋头花烧茄子等
体验	乡村田园养生体验	采茶、制茶、品茶等茶文化体验；森林氧吧、爬山、露营等山林养生体验；观赏制酒过程、品酒、了解竹酒文化等酒文化体验；编织、插花等特色民俗文化体验等

2. 康养度假基地

康养度假基地以度假酒店、度假村、旅游景区、养老社区为载体进行开发，以休闲度假、生态养生、康复疗养、教育培训、健康养老等康养旅游产品与服务为特色。康养度假基地的开发建设需依托一定的自然和人文生态环境、养生及医疗保健特色资源，在提供基本旅游接待服务的同时，应当形成各自的特色康养产品，或是提供专业的康养旅游服务。

康养度假基地的开发形式可以多种多样，其中，以老年人为主要客户群体，提供健康养老养生服务的基地是发展重点。此类基地多以新型养老居住为载体，配套餐饮、娱乐、度假、休闲等多种功能，提供专业的养老服务、医疗服务和社区管理，是对传统养老机构的革新和升级换代，将单纯意义的社会养老升级为功能全面、服务优质、环境优越的新型养老社区,从而更好地满足当代老年人的需求。

浙江乌镇雅园是中国首个复合型健康养生园区,整个园区的设计策划初衷就是满足 50 岁至 100 岁之间的长者的养生养老需求,旨在为长者提供丰富的精神生活与全套的健康服务,营造美好的准退休和退休生活。园区围绕养生养老、健康医疗和休闲度假三大主题,建设养老公寓、颐乐学院、医疗公园、酒店和休闲商业共五大板块(见表 7.4)。乌镇雅园在传统老年社区的基础上,进一步拓展了养老旅游的复合式功能,融合乌镇景区的旅游功能,使雅园成为一个既可长期健康养老,亦可短期候鸟度假的目的地,并通过乌镇国际健康产业园的打造,提升和扩大乌镇健康旅游业的发展水平和规模。

表 7.4 乌镇雅园的功能区划与产品说明

功能区	产品说明
养老公寓区	分为不同规格的套间,有适老化设计处理
颐乐学院区	以学校形式开展有利于老年人身心健康的各项文化、休闲、娱乐活动
医疗公园区	由德国专业医疗团队运营的康复医院、亚健康体检中心及社区门诊组成
外围酒店区	包括与乌镇的江南水乡风情和绿色生态环境相融合的多个度假酒店
休闲商业区	毗邻生态湿地,展现乌镇历史文化的体验型休闲商业街区

3. 康养旅游目的地/产业集聚区

康养旅游目的地或产业集聚区是以城镇、大型景区为载体,以旅游业为基础,全面融合相关产业,以促进全域性康养旅游产业的全面发展为特点。作为大尺度区域空间,康养旅游目的地承载了当地健康服务业发展的主要任务,主要着力于旅游业联动带领作用的体现,同时通过产业融合、全产业要素构建、产业结构优化升级等手段实现旅游开发的最大效益。浙江桐庐县近年启动编制了 40 平方千米范围的富春山健康城规划,规划以既有大奇山国家森林公园为核心,以中医药文化为特色,以休闲度假为模式,以健康管理为配套,以运动养生为延伸,打造以现代健康服务业为主,集运动休闲、生态养生、健康管理、高端养老、健康旅游等为一体的生态型、复合型、智慧型康养旅游产业集聚区。

浙江三门县基于全域旅游发展的基本理念,以体验性与参与性、乡土化与原真性、休闲化与娱乐化、生活化与精致化为开发原则,注重对三门渔耕文化、民俗文化和农业生活的挖掘,实现"生产、生活、生态"三位一体,以建设"唤起乡愁、留住乡貌、渗透乡情"的特色村落为载体,主要从四个方面策划了三门县的康养旅游产品系列,即"美景、美食、美宿、美生活"(见表 7.5),让游客可以放松心情、释放压力、感受自然。

表 7.5 浙江三门县康养旅游产品系列

产品大类	基本类型	具体体验项目
美景	滨海海岛观光旅游	滨海观光、海岛巡游、休闲度假、海洋运动
	自然田园生态旅游	大地农业景观、现代农业技术展示
	淳朴原乡体验旅游	田园观光、农事体验、田间娱乐
	山林生态观光旅游	生态观光、禅修静养、有氧运动、休闲度假
	古村人文体验旅游	古村观光、文化探访、创意展示
美食	海鲜美食品鉴旅游	美食品尝、海鲜捕捞捡拾
	特色小吃尝鲜旅游	地方特色小吃、节日美食品尝、饮食历史溯源
	地方特产购物旅游	旅游购物、特色商品展示
	绿色生产观光旅游	食品深加工、旅游购物
	饮食文化教育旅游	文化溯源、美食制作体验、美食养生

续表

产品大类	基本类型	具体体验项目
美宿	特色型主题民宿(群)	石头房民宿、渔村民宿、船屋人家、古村民宿
	品质型精品酒店	稻田酒店、林居酒店、洞窟酒店、海岛酒店
	传统型农(渔)家乐	农家住宿、农家餐饮、休闲娱乐
	时尚型汽车(露营)基地	自然体验、户外运动
美生活	渔耕民俗体验旅游	出海打渔民俗体验、地方歌舞展示、节庆活动
	农事互动参与旅游	果蔬采摘、农田认养、捕鱼垂钓、土法酿酒
	农家生活体验旅游	体验民俗、品尝民食、感受民宿
	乡村休闲养生旅游	户外运动、田园养生、休闲度假

延伸阅读与思考

温泉小镇的发展之路——打造全产业链康养度假胜地[①]

温泉小镇是温泉产业发展历程中形成的最具发展活力和生命力的空间载体,也是近百年国际温泉产业发展中最常见、最成功的一种产业集群和空间集约发展模式。目前,全球知名的温泉小镇重点分布在欧洲、日本(见表 7.6)。

表 7.6　全球知名温泉小镇分布情况

国家	数量/个	代表案例
日本	91	箱根、由布院、有马、草津

① http://www.sohu.com/a/218496966_173336.

国家	数量/个	代表案例
德国	86	巴登巴登
法国	63	依云
奥地利	30	巴登巴登
意大利	28	蒙特卡蒂尼
匈牙利	23	赫维兹
捷克	20	卡罗维发利
英国	21	巴斯
瑞士	8	洛伊克巴德
比利时	3	斯帕

（1）法国依云小镇

法国依云小镇位于法国上萨瓦省北部地区，是一个以水成名、温润致净的疗养胜地，拥有世界上著名的专业的医疗康体温泉。依云小镇有着百余年的悠久历史，主要经历了初创期、探索期和高端发展期三个阶段。早在1902年，依云小镇就创立了专业水疗中心，后改建为水平衡中心，游客可以享受到专业按摩师针对病痛部位的按摩，获得全身心的保健。1904年，依云小镇开始兴建高尔夫球场，定期举办高尔夫球锦标赛，促进了温泉康养保健业与体育产业的融合发展。1994年，依云小镇成功举办了第一届依云大师赛（Evian Masters），随后迅速发展成为国际高尔夫球界的知名赛事。高尔夫球赛事成为推动依云小镇转型升级的新动力，使其实现了从单一的温泉康体小镇向运动休闲度假胜地的华丽转身。

（2）德国巴登巴登温泉小镇

巴登巴登是欧洲非常著名的温泉疗养胜地，也是德国首要的健康休闲区。"温泉＋"模式在巴登巴登小镇得到了充分运用,以温泉为核心吸引力,小镇开发了娱乐、会议、赛马、高尔夫、运动、田园、文化艺术、节事等一系列休闲度假产品,每年会吸引300万左右的游客前来度假。小镇温泉康养集中体现了四大属性:一是生态性,诊所或医院均选择设置在生态环境优美的区域,如湖畔、海岸、温泉区等;二是先进性,引进先进的医疗设备和专业团队,提供专业化健康诊疗服务;三是高端性,为患者提供全方位、高品质的星级服务,如一对一贴身健康服务、五星级居住等;四是综合性,除医疗康复外,还提供高尔夫、餐饮、运动休闲等完善配套服务,在一定程度上实现功能的综合化。

（3）日本箱根/由布院温泉小镇

箱根是日本最著名的"温泉之乡""国民温泉保养地",也是东京都市圈的"后花园"。在这里各色各样的汤宿和温泉酒店有200多家,还有300多家疗养院和500多家温泉设施,据统计,箱根温泉小镇一年的游客接待量超过2000万人次。日本另一较有代表性的温泉小镇是由布院小镇,它以温泉为核心元素,融合了电影、艺术、音乐、陶艺、原创手工艺等丰富元素,已成为日本当地人气最高、最受女性喜爱的时尚温泉小镇之一。

思考:1. 温泉养生旅游发展由来已久,请分析其产业开发的模式、路径与主要经验。

2. 请分析不同康养旅游产业模式的适应性与优劣势。

第八章　综合案例:山屿海集团康养旅游策划[①]

一、基本概况

1. 总体介绍

养老,是国人普遍关注的民生问题,并日渐成为社会问题。我国进入老龄化社会已成必然,根据中国发展研究基金会发布的《中国发展报告 2020:中国人口老龄化的发展趋势和政策》预测,到 2025 年,我国 65 岁及以上的老年人将超过 2 亿,到本世纪中叶,中国人口老龄化将达到最高峰,65 岁及以上老年人口将接近 30%。老龄化社会的到来及老年群体养老需求的多样化发展,成为山屿海集团业务拓展的核心动力。山屿海集团致力为老年人提供更高质量的老年生活,让"健康享老"成为现实。

从 2009 年海南琼海的山屿海生态农场起步,山屿海集团始终坚持以服务中老年群体为核心,不断探索新模式、新思路。以高端中老年人旅居度假、健康养老、情感关爱交流、金融服务四大需求为切入,深耕康养经济产业链。历经多年跋涉,已经从一家以候鸟式旅居度假为细分目标市场的企业,发展成为涵盖旅游、健康、养老、教育、体育及金融服务等领域的成长性大型集团公司。

[①] 本案例选取自山屿海商学院校企合作平台建设与教学实践,基于山屿海康养集团资料完成。

现在的山屿海集团已发展成为一家大型康养产业集团,成功实现以健康养老为核心的生态养老产业闭环,是国内知名的"候鸟旅居领军企业"和"康养行业一线品牌",以"健康享老生活创造者"为定位,深度理解并践行"健康中国战略",围绕中老年群体核心客群,以"前端康养、未病预防"为中心展开系统性服务,传递健康享老生活理念。

2014 年,山屿海集团摘得"亚洲品牌 500 强"桂冠。2015 年,集团在新三板挂牌上市。2017 年,企业将品牌名"山屿海度假"调整为"山屿海康养",并实现从单一的度假业务运营到综合的康养产业集成的蜕变。2018 年,集团提出"幸福久久"系列战略,主导大康养产业规划布局,研发山屿海大健康系统,秉承幸福理念,成就更丰富的康养生活,全面覆盖和满足各层次中老年群体的需求,构筑强大的"医养旅"一站式平台,标志着山屿海康养业务逐步走向成熟。

2. 康养旅游发展历程

山屿海的发展经历了"生存—发展—突破—再发展—升级"的过程,实现了两次跃迁。2009 年至 2015 年,此阶段专注和聚焦候鸟旅居度假板块,做精做强,不断自我驱动,实现集中的爆发式增长,最终于 2015 年实现上市。2015 年至 2017 年,企业在旅居度假的基础上,开始涉足外延拓展,深耕银发经济产业链,最终实现状态转变,完成快速的跳跃式升级,真正进入大康养行业,涵盖旅游、健康、养老、医疗等多种业务。

第一次跃迁:上市只是新的开始。

山屿海集团主要面向长三角中老年群体,采用会员制的方式,面向中老年群体创新提出"候鸟式旅居度假"模式,并率先在国内倡导"候鸟式旅居度假慢生活"理念,将候鸟旅居产品打造成为战略大单品,并不断进化和迭代升级,重在塑造产品"物美价廉"的品质,一举启动了长三角的候鸟度假市场,实现了会员数量和旅居业务的爆发式增长。2015 年 7 月 31 日,山屿海集团正式登陆新三板。

第二次跃迁:幸福战略引领未来。

随着候鸟旅居业务的不断深入和会员规模的快速壮大,山屿海发现中老年群体的需求不仅仅是候鸟度假那么简单,还有健康、养老、养生、学习、医疗、社交、娱乐等一系列需求,会员的需求孕育了强大的市场能量,也推动了山屿海集团的产业生态圈布局。

2015 年 7 月,杭州习安实业有限公司成立,山屿海正式进军健康市场。2016 年 8 月,菲雷生物科技公司成立,涉足生物科技、干细胞技术等精准医疗行业。2017 年 4 月,杭州每次科技有限公司成立,致力打造国内最贴心的科技助老服务平台——互联网上的养老院。2017 年 12 月,山屿海康养进军海外市场,收购日本新潟阿贺町温泉酒店,打造山屿海康养海外基地。2017 年 12 月 1 日,"山屿海度假"品牌正式更名为"山屿海康养",实现从单一的度假业务运营到综合的康养产业集成的蜕变,自此山屿海正式进入"康养时代"。

经过十年探索,山屿海集团从中老年旅居康养角度切入,推动健康服务供给侧结构性改革,积极推行健康生活方式,助力实现全民健康,并于 2018 年正式启动"幸福战略",山屿海的康养中国梦一步步从理想照进了现实。

二、康养旅游产品的分类与特色

1. 基于产业融合的产品分类

山屿海康养在"建设医养旅一站式大平台,构建大康养生态圈"阶段性目标引领下,分项构建了"医疗""康养""旅游"三大产业平台,产品涉及中老年群体的旅游、度假、健康、医疗、养老、社交、学习等多维度、全领域"大康养"范畴(见图8.1)。

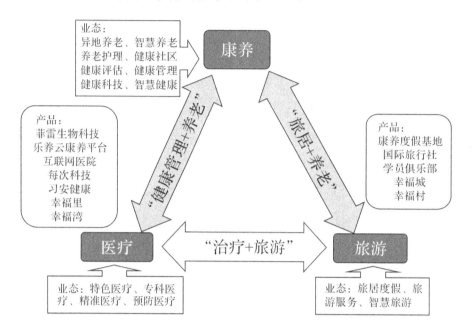

图8.1　山屿海康养集团产业、业态与产品之间的关系

2. 基于业态创新的产品特色

(1)海外康养——日本新潟康养基地

2017年年底,山屿海康养进军海外市场,收购了日本新潟阿贺町温泉酒店,开始了海外康养基地的试点与布局。新潟县位于日本本州岛中北部,海岸线漫长,山峦陡峭,土地宽广,是日本重要的稻米产区。新潟康养基地位于自然环境优越的阿贺町,这里有原始山林、潺潺河流,是非常理想的疗养场所。

山屿海日本新潟阿贺町温泉康养基地为典型的日式温泉酒店,分为本馆和别馆,包含欧式多功能厅、会议室、和式餐厅、和式榻榻米双人间和单人间、健身房、卡拉OK包房及健康体检中心等,配套设施完善。基地还设有高尔夫球场、滑雪场、网球场等休闲场所，并拥有山中天然温泉和林地，是品味地道日式家居生活，体验温泉健康养生之旅的绝佳选择。

"在旅行地点改善生活习惯"是日本厚生劳动省鼓励的一种旅行方式，即旅游者充分利用酒店的设施和当地观光资源，与保健师、营养师、健康运动师等专业人士配合，以生活习惯的改善为目标，接受健康的饮食和运动计划。新潟康养基地利用阿贺町地区优越的空气、阳光、温泉、河流、森林等自然环境，精心打造了针对游客的温泉康养计划，由康养中心的专业老师开发温泉疗法、餐饮疗法、运动疗法、自然环境疗法，把饮食、运动、休憩、温泉、睡眠等植入旅游活动中。

（2）田园慢生活——山屿海生态农场

山屿海生态农场位于浙江安吉鄣吴镇，总规划面积约 0.2 平方千米，农场将旅游、休闲、农业、度假等进行了多元化功能组合，以新的创意方式搭建出"生态旅游＋康养＋休闲农业"的"田园慢生活"场景，将"农耕体验＋康养休闲"相融合，着力打造生态性与现代性并存、乡土气息与时尚元素兼具的田园风光。

山屿海生态农场的农业用地一部分根据客户需求进行耕地出租，客户可以自种或租种各类绿色食材，做个"快乐农夫"；另外一部分的农田则由农场进行统一种植、统一管理，并定期开展稻田观光、采摘体验、做农家菜等活动，让游客充分体验农事节日风俗。

目前，生态农场的主要目标市场是城市中老年客户群，旨在为他们提供一个嗅闻健康空气、品尝健康食材、慢享乡间安宁、寻找往日情怀的乡村休闲度假环境，游客在农场从事身体力行的耕种劳作，在获得成就感的同时，亦能达到养生养心的目的，真正实现"快乐养生,健康享老"。

(3)智慧康养——"医养旅"大数据平台

山屿海集团正在建设并不断完善智慧康养运营管理系统,提供智慧康养管理端、业务端、智能硬件集成一体化解决方案,全面提升公司监测管理、对客服务、精准营销等整体水平,使项目管理走向精细化、营销导向走向精准化、会员服务延伸全程化、产业格局迈向链条化,从而实现山屿海集团康养产业的全面转型升级。

在业务模式方面,通过建设一站式的"医养旅"大数据平台,进行大康养上下游产业优势资源的整合,基于智慧康养 App 系统,主要为游客提供如图 8.2 所示的服务内容。

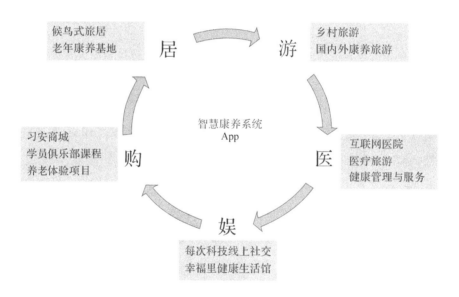

图 8.2 山屿海集团智慧康养 APP 建设内容

①"居":提供便捷的康养基地的预定、支付服务,"酒店预订"界面包含自营和合作酒店的动态管理、酒店介绍、预订支付和互动评论等内容;②"游":提供便捷的旅行社选线参团服务,"旅行社"界面

包含所有国际、国内及周边游线路的产品资讯、团队服务、报团预订、订单管理等内容；③"医"：提供网络医院问诊咨询服务，"互联网医院"界面包含在线问诊、专家咨询、电子处方及线下医药配送等内容；④"娱"：提供线上社交和线下体验服务，"每次科技"界面包含中老年群体线上社交、幸福里健康生活馆产品介绍、服务预约等内容；⑤"购"：提供健康产品、农副产品的线上销售服务，"习安商城"界面包含产品介绍、在线购买、投诉反馈等内容。

三、康养旅游产业的发展战略

山屿海集团于 2018 年强力启动"幸福久久"康养战略，推出山屿海幸福城、山屿海幸福湾、山屿海幸福村、山屿海幸福里四大康养系列项目（见图 8.3），实现城区、城郊、乡村、旅游区等康养场景和康养基地的搭建和覆盖，全面开启了康养多层级供给时代，从游、学、惠、康、乐、安、享、医、租等九大维度全方位满足中老年人旅居度假、健康管理、养老护理、情感社交、文化娱乐、康复享老等需求。通过实施"幸福久久"战略，山屿海集团正在努力打造全产业生态圈和康养服务闭环。

1. 山屿海幸福城

山屿海幸福城选址浙江安吉鄣吴镇，是一座按国际建设标准规划设计的华东地区综合型高端康养社区，集康复中心、养生基地、幸福农场、中医理疗、文化娱乐、健康管理、园艺疗法、主题客房、旅游度假、养生温泉等多功能于一体，致力打造新型康养综合体，创建世界级康养目的地，项目总占地约 0.67 平方千米，按照中老年人生活习惯设计和配套康复、商业、膳食、体育、文化、娱乐、田园生活等子项目，为中老年群体提供一种全新的、积极的、健康的社区康养

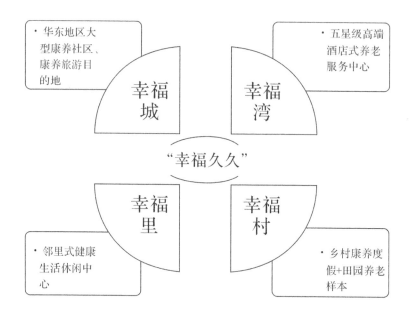

图 8.3　山屿海康养产业"幸福久久"战略布局

模式。

　　发展模式分析：①以老年康养市场为目标，以养老产业为核心，整合旅游度假、医疗服务、乡村休闲、教育科研等业态形式；②以养老公寓和民宿群为产品载体，提供健康管理、24 小时护理、老年大学、中医养生、康复理疗、养生保健、教育科研、机能康复训练、养生温泉会所等丰富项目，并与周边的生态农场、安吉学休院、鄣吴古镇、无蚊村等旅游景点相结合，提供丰富多样的康养度假体验。

　　2. 山屿海幸福湾

　　山屿海幸福湾位于浙江湖州滨湖街道，北邻太湖，自然环境得天独厚。总建筑面积约 15000 平方米，配置智慧养老系统，高标准打造完善的适老化硬件配套体系和智能集成化支持平台，引入世界领先的日式养老服务体系，首创幸福湾 4C 养老理念，从满足中老年群体的"身、心、灵"全方位需求出发，实现医、养、游、娱联动式综合升级，致力打造全国高端现代化养老服务中心。

发展模式分析：①以高端养老市场为目标，以养老度假产业为核心，整合休闲度假、疗养护理、医疗服务等业态形式；②以五星级酒店为载体，提供中式和日式高档型银龄公寓，同时配套医疗室（诊所）、咖啡厅、园艺、多功能厅、屋顶花园、钢琴教室、运动康养区、机能训练室、网吧、茶艺吧、影音室、餐食中心、棋牌室等公共复合型娱乐社交场所与空间；③能够与周边相邻的太湖旅游度假区、渔人码头、湖州喜来登温泉度假酒店、图影湿地、太湖龙之梦、首创奥特莱斯等建立密切联系，共同拓展高端定制化的旅游线路。

3. 山屿海幸福村

山屿海幸福村的首个项目位于杭州建德市莲花镇戴家村，是一个集休闲民宿、旅游康养、特色餐饮、乡村文化于一体的"乡村度假＋田园养老"康养综合体。结合新农村建设，改造戴家村农家院落，升级乡村整体环境，设计乡村体验产品，实现由"乡村旅游景区"向"乡村度假目的地"升级，旨在成为全杭州乃至全浙江的乡村康养度假样本。

发展模式分析：①以乡村旅游为核心，整合休闲度假、乡村养老、农业文化、特色物产等业态形式；②以乡村和田园环境为载体，重点开发乡间民宿、乡土菜品、农艺体验、田园享老等"半乡半居"深度体验型产品供给，形成核心吸引物集群；③结合互联网共享经济、共享养老发展趋势，探索形成城乡互助的养老新模式；④深入贯彻旅游扶贫的国家政策，开发高附加值的特色农产品，打造独具特色、景村交融、农旅互融的乡村度假康养目的地。

4. 山屿海幸福里

山屿海幸福里的第一家店选址上海闵行区阿拉城商业综合体内,面积达 2000 平方米,采用日式高档装修,是一个以日本"琉球温热疗法"为特色的健康管理中心,由温热疗法院、康复俱乐部、柔道整复馆、活力馆、营养教室、茶室、户外康复区、培训部、社区养老服务中心等组成。幸福里专注于亚健康群体生活习惯病的康复保健,并提供养老人才的培训教育,同时也是中日之间健康养老行业的合作平台。

发展模式分析:①以社区休闲养生市场为目标,以健康管理和服务为核心,整合休闲养生、交友旅游、社区养老等业态形式;②以健康生活馆为载体,重点开发康复理疗、日常养生、会员课程、主题活动等多样化的产品,营造邻里式温馨社区和健康生活模式,成为"家外之家";③以特色健康疗法和老年大学课程为特色,提供更加全面高端贴心的服务。

四、发展启示与经验总结

1. 以康养为核心发展多元化产业集群

截至 2017 年年底,山屿海康养集团的累计总服务人数已超 150 万人,其中度假板块每年体验会员户数超 8 万人,学员俱乐部累计服务逾 5 万人,旅游板块累计参与人数超 100 万人,每次科技粉丝数量超 30 万人。面对如此庞大的会员市场,山屿海康养集团的运营管理团队关注到市场消费群体的特征变化,灵活地调整了产业发展思路。面对当前快速增长的康养旅游市场,从客户需求的角度入手,主要表现为三个方面的特点:①康养旅游需求日益多元化、个性化,并且与常规旅游需求交织在一起,对旅游产品的体验度、新奇度、定制度的要求更高;②康养旅游者表现出较强的口碑黏性,快速响应客户需求且持续改进服务是实现客户持续消费的核心关键;③康养旅游活动相对于其他观光旅游活动而言,具有消费重复性、长期性的特点,这也成为企业运营管理的重要目标。

在充分市场调研的基础上,山屿海康养集团从早期的"以产品为中心"适时调整为"以用户为中心",主动拆掉"天花板",积极寻找新的战略布局和流量变现的增长点,从会员需求角度不断拓展和健全产品体系,突破单一的旅居产品而进入广阔的康养旅游领域,逐步开发了医、养、旅、康、健等系列产品,并以康养业态为核心形成多元化产业集群。

2. 聚合资源打造康养全产业链条

从单一的度假类产品到多元化的康养产业,是山屿海康养集团科学发展的必然路径,也是企业提升能级的有效途径,更是优化生态结构的重要抓手。"山屿海康养"在"山屿海度假"的基础上,始终围绕以中老年为主的会员群体,强化差异优势和组合优势,从前期做强做大"候鸟旅居"的主营业态到目前多方跨界的大康养产业体系,始终探索"康养+"模式,构建了一个资源互融互享、产业互联互通的新平台。

会员家人化的良好互动和供需研究是山屿海成功的秘诀,多年的会员黏性服务使企业深入洞悉到客户已经发生了从旅游单一需求转向复合康养需求的转移,并且追求更高品质的体验和服务,因此,山屿海集团提出了"健康享老生活创造者"的愿景,坚持旅居产业与康养产业"两轮驱动",通过资源聚合和业态延展,力争做大发展平台、做全产业链条、做优产业效益、做响企业品牌。

3. 注重康养产业发展的轻重资产合理布局

山屿海集团在发展的早期,以轻资产运营为主力战略。作为一家资源整合型企业,山屿海集团在内部会员资源和外部"医养旅"资源之间建立了高度紧密的联结,扮演了类似中间服务商的角色。进入企业发展的黄金时期,在构建大康养生态圈的同时,也开始注重重资产的合理布局,在国内外各地收购康养度假基地,采取直营或代管的形式进行运营,并相继建设和改造了幸福城、幸福湾等实体性康养项目。

对于山屿海康养集团而言,资产的合理布局同时也体现了企业业务板块的设置与安排,首先是通过旅游、健康、金融等多板块的独立及跨产业联动,形成相对稳固的盈利模式;其次是依托庞大的量质并举的会员体系、强大的重资产物业保障,以及多元的康养生态产业布局,实现了企业规模的不断壮大。

4. 专注大健康领域实现企业跃迁式发展

2016 年 8 月,习近平总书记在全国卫生与健康大会上发表重要讲话指出:人们常把健康比作 1,事业、家庭、名誉、财富等就是 1 后面的 0,人生圆满全系于 1 的稳固。习近平在会上提出"要把人民健康放在优先发展的战略地位",顺应民众关切,对"健康中国"建设做出全面部署,"切实解决影响人民群众健康的突出环境问题""推动全民健身和全民健康深度融合""加强食品安全监管""努力减少公共安全事件对人民生命健康的威胁""为老年人提供连续的健康管理服务和医疗服务"等要求,明确了环保、体育、食品安全、公共安全、民政养老等部门须"守土有责",也契合了"把以治病为中心转变为以人民健康为中心"的新主旨。

2017 年 10 月 18 日,习近平总书记在十九大报告中指出,实施健康中国战略。要完善国民健康政策，为人民群众提供全方位全周期健康服务。深化医药卫生体制改革，全面建立中国特色基本医疗卫生制度、医疗保障制度和优质高效的医疗卫生服务体系，健全现代医院管理制度。加强基层医疗卫生服务体系和全科医生队伍建设。全面取消以药养医，健全药品供应保障制度。坚持预防为主，深入开展爱国卫生运动，倡导健康文明生活方式，预防控制重大疾病。实施食品安全战略，让人民吃得放心。坚持中西医并重，传承发展中医药事业。支持社会办医，发展健康产业。

大健康及旅游、医药、文化等行业有着广阔的发展前景，也是最具成长性的行业。山屿海集团以社会资本名义进入康养产业，积极助力健康中国战略的实现。

作为一个民营企业，山屿海集团大致经历了两次跃迁，一是在快速成长的过程中，聚焦以健康养老为目标的候鸟式旅游度假产品的开发，迅速壮大企业规模，成为行业的领军企业；二是在成功上市后，面临着日益激烈的市场竞争，探寻战略机会、寻找客户痛点、找准行业趋势、发现企业长处、分析竞争优劣势，最后锁定了"满足多元需求的多层级康养旅游产品线"供给策略，实现从"旅"到"医—养—旅"的产品和产业升维，专注大健康领域，实现了更好的综合效应。

参考文献

一、中文文献

1. 包亚芳.基于"推—拉"理论的杭州老年人出游动机研究[J].旅游学刊,2009(11):47-52.

2. 陈青松,高晓峰,陈永禄,等.康养小镇[M].北京:企业管理出版社,2018.

3. 范添添,黄蔚艳,葛笑尘,等.养生旅游相关概念辨析兼论其产品开发策略[J].农村经济与科技,2015,26(4):104-105.

4. 高静,刘春济.国际医疗旅游产业发展及其对我国的启示[J].旅游学刊,2010(7):88-94.

5. 郭安禧,孙雪飞,王纯阳,等.城市居民参与市内体育休闲旅游影响因素研究——以上海市为例[J].体育科研,2015(4):26-31.

6. 郭鲁芳,虞丹丹.健康旅游探析[J].北京第二外国语学院学报,2005(3):63-66.

7. 候蔺,刘宗英,金小琴.森林康养产业发展路径探微——以四川省荥经县为例[J].中国西部,2019(4):114-124.

8. 兰菊萍,田满文.无景点旅游视域下养生旅游开发模式研究[J].浙江师范大学学报(社会科学版),2013(6):71-76.

9. 李琳钟,钟志平.中国老年旅游研究述评[J].湖南商学院学报,2011(6):100-104.

10. 李鹏,赵永明,叶卉悦,等.康养旅游相关概念辨析与国际研究进展[J].旅游论坛,2020(1):69-81.

11. 李松柏.长江三角洲都市圈老人乡村休闲养老研究[J].经济地理,2012(2):154-159.

12. 陆晓梅,张鑫,高淑春,等.森林养生旅游开发潜力评价研究[J].林业经济问题,2017(1):44-49.

13. 吕观盛,张文菊.广西医疗旅游产品定位及产品设计研究[J].南宁职业技术学院学报,2011(1):82-85.

14. 任宣羽.康养旅游——内涵解析与发展路径[J].旅游学刊,2016(11):1-4.

15. 孙抱朴.森林康养——大健康产业的新业态[J].经济,2015(10),82-83.

16. 覃方铭,叶文,赵敏燕,等.产业融合视角下的养生旅游产业发展研究[J].广西经济管理干部学院学报,2016(1):63-68.

17. 谈志娟.老年健康休闲旅游消费行为及其影响因素研究——以南京市为例[D].南京:南京师范大学,2015.

18. 温长路.休闲养生:休闲文化里的健康话题[M].北京:人民卫生出版社,2010.

19. 汪汇源.我国康养产业现状及海南康养产业对策研究[J].农业科研经济管理,2020(1):45-48.

20. 王继庆.中日韩森林旅游的养生主题设计及其产品开发[J].中国林业经济,2009(5):25-28.

21. 王建宏.都江堰:打造世界康体养生旅游目的地[J].当代县域经济,2016(6):76-77.

22. 王燕.国内外养生旅游基础理论的比较[J].技术经济与管

理研究,2008(3):109-110,114.

23. 王园,王春才.国际医疗旅游行业竞争格局分析[J].市场研究,2018(9):29-32.

24. 王瑷琳.国内康养旅游服务产品的开发策略探析[J].中国商论,2017(34):39.

25. 王赵.国际旅游岛:海南要开好康养游这个"方子"[J].今日海南,2009(12):12.

26. 魏军,张春花.生态养生旅游产品开发初探[J].资源开发与市场,2008(9):853-854.

27. 吴利,陈路,易丹,等.论养生旅游的概念内涵[J].边疆经济与文化,2010(3):13-14.

28. 向前.巴中发展森林康养产业的几点思考[J].绿色天府,2015(12):48-50.

29. 严力蛟,黄璐.绿色产业发展模式研究:浙江省武义县"三园"之路[M].北京:新华出版社,2016.

30. 易开刚.旅游产业转型升级理论与实践研究——基于浙江省的考察与实证[M].杭州:浙江工商大学出版社,2017.

31. 杨懿,田里,胥兴安.养生旅游资源分类与评价指标体系研究[J].生态经济,2015(8):137-141.

32. 杨振之.中国旅游发展笔谈:旅游与健康、养生[J].旅游学刊,2016(11):1-4.

33. 张跃西.养生旅游产品设计[M].北京:中国环境科学出版社,2015.

34. 张广海,王佳.我国医疗旅游产品开发研究[J].山东师范大学学报(自然科学版),2013(6):111-116.

二、外文文献

1. Aliza Fleischer，Abraham Pizam. Tourism Constraints among Israeli Seniors[J]. Annals of Tourism Research，2001(1)：106-123.

2. Connell，J. Medical Tourism：Sea，Sun，Sand and Surgery[J]. Tourism Management，2006(27)，1093-1100.

3. Deborah Wightman，Geoffrey Wall. The Spa Experience at Radium Hot Spring[J]. Annals of Tourism Research，1985(3)：393-416.

4. Duane W. Crawford，Geoffrey Godbey. Reconceptualizing Barriers to Family Leisure [J]. Leisure Sciences，1987 (2)：119-127.

5. Jennifer Lading，Betty Weiler. Mind Body and Spirit：Health and Wellness Tourism in Asia[J]. Asian Tourism：Growth and Change，2008：379-389.

6. Leo Huang，Hsien-Tang Tsai. The Study of Senior Traveler Behavior in Taiwan [J]. Tourism Management，2003 (5)：561-574.

7. Robert Guinn. Elderly Recreational Vehicle Tourists：Motivations for Leisure[J]. Journal of Travel Research，1980(9)：9-12.